#engineerupyourlife

## Die Autorin

Rosie Fortunello studierte Wirtschaftsingenieurwesen Elektrische Energietechnik an der RWTH Aachen. Zurzeit arbeitet sie als Unternehmensberaterin in der Automobilbranche und engagiert sich in ihrer Freizeit dafür, junge Frauen für naturwissenschaftliche und technische Studiengänge zu begeistern.

Rosie Fortunello

# Unter Spannung

Eine Elektroingenieurin
kämpft gegen den Widerstand

Roman

Fortunello, Rosie: Unter Spannung

1.Auflage
Deutsche Erstausgabe 2018
Copyright © Rosemarie Fryzowicz, Dortmund
Lektorat und Korrektorat: Kim Heinz
Illustrationen: Olivier Philippe
Umschlaggestaltung: Josefina Lopez

Unter Verwendung von Stockdaten: Glühbirnen entworfen von
Natanaelginting - freepik.com
Buchlayout: Marc Albrecht, 1-2-buch.de

Impressum:
Rosemarie Fryzowicz, Magnolienweg 83, 44267 Dortmund

Herstellung und Verlag: BoD – Books on demand, Norderstedt

rosiefortunello.com
instagram.com/rosie.fortunello

ISBN: 9783746093109

*Frauen sind wie Teebeutel.*
*Sie wissen nicht, wie stark sie sind,*
*bis sie in heißes Wasser kommen.*

*Anna Eleanor Roosevelt*

# Inhalt

# 7. Semester

# Die Prüfung

Das Herz eines Erwachsenen schlägt durchschnittlich 70-mal pro Minute. Mein Herz schlägt momentan gefühlte 120-mal pro Minute. Ich bin kein Mensch, der zu Drama neigt, aber jeder, der in meiner Situation steckte, würde sich genauso fühlen. Ich kann nicht glauben, dass ich es bis hierhin habe kommen lassen. Eigentlich habe ich das auch nicht absichtlich. Es ist einfach so passiert. Fakt ist wenn ich durch diese Tür rein- und wieder rausgehe, wird nichts mehr so sein wie zuvor. Nach dem Motto: Der Schwächste fliegt. Wirklich, ich habe keine Ahnung, ob ich zu den Schwächeren und somit zu den restlichen 80 Prozent gehöre, die ihr Studium der Elektrotechnik an der RWTH[1], aus welchen Gründen auch immer, nicht zu Ende bringen. Ich weiß nur, dass ich nicht zu den 80 Prozent dazugehören möchte. Vielleicht auch nur, weil ich schon viel zu viel Energie in dieses Studium hineingesteckt habe. Ich befinde mich in der sogenannten Sunk-Cost-Falle[2], von der in der Entscheidungs-

---

1 Rheinisch-Westfälische Technische Hochschule Aachen
2 Das beste Beispiel: Wenn man schon einmal in Reparaturkosten einer Waschmaschine investiert hat und diese zum zweiten Mal kaputt geht. Hier neigt man eher dazu weiterhin in eine Reparatur zu investieren, zumal es gegebenenfalls sinnvoller wäre sich eine neue zu kaufen.

lehre immer die Rede war. Mit dem einzigen Unterschied, dass es nicht in meiner Hand liegt, ob ich gehe. Jetzt entscheidet die RWTH, ob sie mich noch haben will. Ich hätte schon längst von alleine die Flinte ins Korn geworfen, wenn ich nicht im ersten Semester den Pakt geschlossen hätte, auf keinen Fall freiwillig zu gehen. Und dabei bleibt es auch: Ich werde erst gehen, wenn mich die RWTH rausschmeißt. Was vielleicht in einer halben Stunde der Fall sein wird, sobald ich aus der Tür austrete, die da vor mir liegt. Das ist ja schon fast wieder komisch. Soll die nächste halbe Stunde etwa wirklich über meine ganze Zukunft entscheiden und sollen sich die letzten 3,5 Jahre meines Lebens als pure Verschwendung rausstellen? O.K., JETZT neige ich zu Drama. Ich bin einfach nur sauer. Jedes Mal habe ich mich für die Klausur wochenlang hingesetzt, von morgens bis abends, habe kaum Menschen um mich herum gesehen (und wenn, dann nur verrückte Aachener Nerds) und mich gefreut, wenn ich mal zur Abwechslung in den Supermarkt gehen konnte. Und das ist der Dank? Dass ich jetzt vor dieser Tür stehe und hoffe 1. heile wieder rauszukommen und 2. nicht wieder komplett von vorne anfangen zu müssen? Was ist das für eine Uni, die es einem so schwer macht... Ich dachte Deutschland suche Ingenieure. Da könnte man es den Werdenden doch auch etwas netter gestalten. Zugegeben, ich hätte diese Klausur nicht unbedingt 2-mal schieben sollen und mit den Krankenscheinen sollte man auch etwas pfleglicher umgehen... Dann wäre die Entscheidung über mein RWTH-Dasein wenigstens schon viel früher gefallen und ich säße nicht plötzlich im 7. Semester mit einer Prüfung des ersten Semesters, die mich womöglich exmatrikulieren lässt. Ich hatte Angst vor diesem Moment. Vor der angeblich schwierigsten Prüfung des Studiums, die im ersten Semester den weichen von dem harten Kern trennt. Ich wollte doch zu den Harten gehören. Und je länger ich diese Prüfung aufschob, desto länger konnte ich zu den Harten, zu den Schlauen gehören. Die Angst, nicht wirklich ein Teil dieser Aachener Elite zu sein, lähmte mich dann vor allem kurz vor der Prüfung und verleitete mich am Ende meist dazu, sie im letzten Moment nicht anzutreten. Immer dieses Gefühl, ich hätte noch mehr lernen können und noch mehr Zeit investieren sollen. Das ist ein Gefühl, dass mich bis jetzt das ganze Studium über begleitet hat. Letztendlich bin ich dann drei Mal durch dieselbe Prüfung gerasselt; drei Mal das Gefühl, versagt zu haben. Und wenn ich es heute nicht schaffe, dann war es das mit der Elektrotechnik hier. Dann muss ich mir vielleicht endlich eingestehen, dass es von Anfang an nicht das Richtige für mich war und ich etwas Neues anfangen muss. Das ist jetzt meine letzte Chance. Ich will nicht versagen, ich will es schaffen...

Die Tür geht auf. Konzentration, Rosie. Fokussiere dich auf das Wesentliche. Packe noch mal dein geballtes Wissen elektrischer Stromkreise in eine Gehirnzelle und nage an dieser einzigen Zelle Wissen, die du noch hast. Das ist deine letzte Hoffnung. Gib ein letztes Mal alles, auch wenn dein Alles vielleicht nicht für diese Uni ausreichen sollte. Dann ist es ebenso.

«Hallo Frau Fuchs. Bevor wir mit der mündlichen Prüfung zur Elektrotechnik 1 starten, möchte ich mit Ihnen vorher noch ein paar organisatorische Dinge durchgehen. Neben mir sitzt Frau Pirschnik, sie wird Protokoll führen und ich werde mich nach der Prüfung mit ihr über das Resultat beraten. Die Prüfung dauert circa eine halbe Stunde und Sie können in der Prüfung eine 4,0 oder eine 5,0 erlangen. Eine 4,0 bedeutet bestanden, bei einer 5,0 werden Sie exmatrikuliert. In dem Fall würde ich Ihnen einen Extratermin anbieten, um Sie für Ihren zukünftigen Weg zu beraten. Sie studieren Wirtschaftsingenieurwesen Elektrische Energietechnik im 7. Semester, ist das richtig?»

«Ja, das ist richtig, Herr Volt.» Ich erhoffe mir durch die Tatsache, ‹nur› ein Wirtschaftsingenieur zu sein, einen gewissen Vorteil in der Prüfung.

«Gut, dann wollen wir mal beginnen. Ich lege Ihnen nun nacheinander drei verschiedene elektrische Stromkreise mit unterschiedlichen Aufgaben dazu hin und Sie erklären mir Schritt für Schritt, wie Sie diese berechnen würden. Die erste Aufgabe enthält noch keine Zahlen, hier geht es allein um die Methodik und darum, ob Sie das Prinzip der Knoten- und Maschengleichungen verstanden haben. Hiernach erhöht sich langsam der Schwierigkeitsgrad der Netzwerke, welche im Folgenden auch Zahlenwerte enthalten. Sie dürfen in der Prüfung keinen Taschenrechner benutzen, da die Zahlenwerte so einfach wie möglich gehalten werden. Zum Schluss kommen noch ein paar Wissensfragen zum theoretisch Erlernten. Fühlen Sie sich gesund und sind Sie bereit, die Prüfung anzutreten?»

«Ja, ich bin bereit. Es kann losgehen.» Let's go Rosie, let's go. Du machst sie platt, du machst sie alle platt. O.K., bitte wieder ernst im Kopf.

Die erste Aufgabe sieht machbar aus. Ich kritzele den Stromkreis nochmal für mich auf, damit ich ihn beim Nachskizzieren besser verinnerliche:

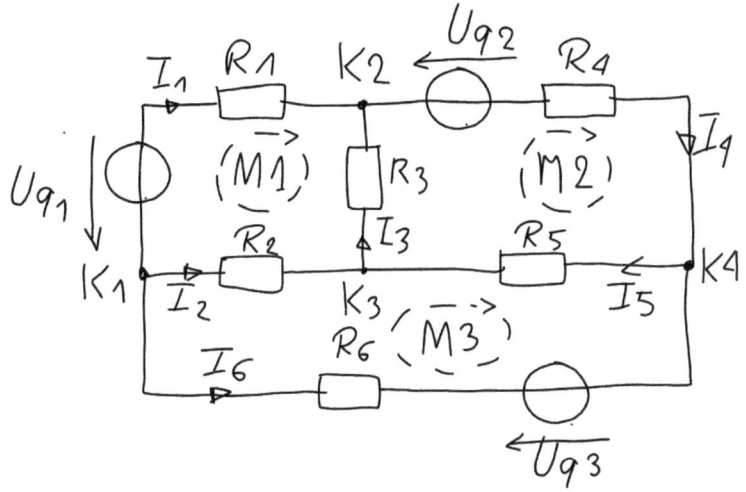

O.K., was steht jetzt in der Aufgabe? Ich soll die notwendigen Knoten- und Maschengleichungen angeben, um $I_1$ bis $I_6$ zu bestimmen und zeigen, dass von vier möglichen Knotengleichungen nur drei linear unabhängig sind. Yeah, Rosie, das kriegst du hin!

«Die Knotengleichung 1 entspricht $-I_1-I_2-I_6 = 0$, K2 ist $I_1+I_3-I_4 = 0$, K3 ist $I_2-I_3+I_5 = 0$ und K4 bestimmt sich zu $I_4-I_5+I_6 = 0$. Die Gleichungen K1, K2 und K3 sind notwendig zur Bestimmung der Zweigströme, da 1. Gleichung + 2. Gleichung + 3. Gleichung = (-1) mal 4. Gleichung. Die 4. Gleichung kann als Linearkombination der ersten drei Gleichungen dargestellt werden und ist somit linear abhängig.»

«Können Sie mir noch die drei Maschengleichungen nennen?», fragt Herr Volt.

Natürlich kann ich. Weil ich Super-Rosie bin und heute die Weltherrschaft an mich reißen werde.

«Ja, kann ich, Herr Professor. M1 bestimmt sich aus $U_{q1} = I_1 R_1 - I_3 R_3 - I_2 R_2$, M2 ist $U_{q2} = I_4 R_4 + I_5 R_5 + I_3 R_3$ und M3 ist $-U_{q3} = I_2 R_2 - I_5 R_5 - I_6 R_6$. ' Kurzes Nicken des Professors. Das war leicht. Weiter.

Uff, die nächste Aufgabe ist dann doch etwas kniffliger. Sie enthält die Stern-Dreieck-Transformation. Ich soll die ganzen Elemente berechnen. Das sollte ich aber hinbekommen. Zack, zack. Ich zeichne das Netzwerk um, um die Transformation anwenden zu können, und erkläre dem Professor, was ich da treibe.

«Nach der Stern-Dreieck-Transformation ergibt sich $R_{13}$ zu $R_1 + R_3 + R_1 R_3 / R_2$ und $R_{12}$ zu $R_1 + R_2 + R_1 R_2 / R_3$ sowie $R_{23}$ zu $R_2 + R_3 + R_2 R_3 / R_1$. Mit $R_1 = R_2 = R_3 = 3$ Ohm folgt $R_{13} = R_{12} = R_{23} = 3$ Ohm + 3 Ohm + 3 Ohm = 9 Ohm. Mit $R_4 = R_5 = R_6 = 6$ Ohm ist $R_{46} = R_{45} = R_{56} = 6$ Ohm + 6 Ohm + 6 Ohm = 18 Ohm und somit ist $R_{12} \| R_{45} = R_{23} \| R_{56} = 8$ Ohm, ähm ich meinte 6 Ohm.» Puh, gerade nochmal gut gegangen. Kein Kommentar vom Professor. Er legt mir die nächste Aufgabe hin.

Was ist das? Soll das ein Stromkreis sein? In meinem Kopf stellt das eher einen weiblichen Haarwulst, herausgerissen aus einer Haarbürste, dar:

Es kommt hier zu unästhetischen Netzverzweigungen, bei denen ich mir nicht ganz sicher bin, wie man diese richtig auflöst und, ob die Werte tatsächlich so stimmen können, die ich da raus habe. Und dann alles auch noch ohne Taschenrechner. Ich darf nicht unsicher werden, einfach durchziehen und nicht verwirren lassen. Die Zeit läuft mir davon. Ich zeige Professor Volt meinen Lösungsweg und lasse mir nicht anmerken, dass ich keine Ahnung habe, ob das alles wirklich so stimmt, was ich da erzähle. Oh meine Güte, ich fühle mich nicht gut. Meine Herzschläge steigen von unrealistischen 120 pro Minute auf 140. Egal, weiter machen. Du hast noch diese eine Gehirnzelle, die dir dein Studium retten kann. Mir wird schlecht. Sorry, hier muss ich passen. Keine Panik, keine Panik. Es bleiben immerhin noch ein paar Zusatzfragen, von denen ich wenigstens einige ganz passabel beantworten kann. Glaube ich jedenfalls. Keine Reaktion vom Professor.

«So, Frau Fuchs, vielen Dank. Die Zeit ist um. Ich würde Sie nun bitten, in den Nebengang zu gehen, damit Frau Pirschnik und ich uns beraten können. Wir werden Sie hereinbeten, wenn es so weit ist.»

Nein, nein, nein. Es hatte so gut angefangen. Nach so einem grandiosen Start habe ich mich am Ende total verzettelt. Sogar die Transformation habe ich gemeistert. Jedenfalls glaube ich da keinen Fehler reingebracht zu haben. Aber ich konnte ja auch rein gar nichts aus der Reaktion des Professors oder der Prüfungsbegleitung ablesen. Und dann dieses dritte Netzwerk mit seinen unendlichen Verzweigungen und Transistoren und Dioden und was weiß ich nicht noch alles. Ich bin fix und fertig. Soll es das gewesen sein?

# Und was jetzt?

Liebe Leser,

ich erlaube mir, Euch bei Eurer Lektüre kurz zu unterbrechen. Wie Ihr bereits dem Inhaltsverzeichnis entnehmen konntet, ist dieses Buch in einer nicht chronologischen Reihenfolge geschrieben.

Genau wie dieses Buch war mein Studium ein wenig durcheinander, aber jedes Semester doch in sich thematisch geschlossen. Manch einer mag sich über die Abwechslung freuen, manch anderer wird verwirrt oder darüber gar erbost sein und bei jedem Semester-Zeitsprung ein nervöses Zucken im Auge verspüren.

Aus diesem Grund möchte ich jedem, der will, anbieten: Ihr könnt das Buch ruhig chronologisch lesen. Wenn ich mir als Autorin die Freiheit nehme, zu machen was ich will, warum sollte der Leser nicht das Gleiche tun?

In diesem Sinne lasse ich Euch jetzt in Ruhe und wünsche Euch ganz viel Spaß bei der Lektüre, egal wie Ihr Euch entscheidet.

Liebe Grüße,
Rosie

# 1. Semester

# Wie alles begann

11 Uhr morgens, mein Wecker klingelt. Mmmmmmm, viel zu früh. Ich drehe mich noch mal um. 11 Uhr? Oh nein! Der Wecker sollte doch um 7:30 Uhr klingeln. Kann es sein, dass ich bis gerade eben gesnoozed habe? Mist, der Morgen fängt ja gut an. Dann stehe ich mal auf und ziehe mir irgendetwas über. Gut, dass ich nur fünf Minuten von der Uni entfernt wohne. Der einzige Nachteil an der Süsterfeldtstraße ist: In derselben Straße befindet sich die Schokoladenfabrik Lindt und ich befürchte, die Nähe könnte dazu führen, dass ich demnächst aus dem Bett zur Uni rollen kann. Aber jetzt erst mal schnell hin, immerhin habe ich schon 1,5 Stunden des Mathevorkurses verpasst. Dabei ist heute der erste Tag! Aaaaah, ich wollte doch wenigstens so tun als sei ich motiviert. Naja, vielleicht lerne ich ja ein paar nette Menschen kennen.

Im großen Hörsaal des Audimax angekommen, schleiche ich mich von hinten an und setze mich auf den erstbesten freien Platz, den ich finden kann. Ich bin froh, dass ich einen Platz bekommen habe, da der Audimax ziemlich überfüllt ist. Angestrengt versuche ich trotz des aktuellen Geräuschpegels den Worten des Professors zu folgen. Jeder Student scheint seinem

Sitznachbar irgendetwas Wichtiges zu erzählen, dass nicht bis nach der Vorlesung warten kann.

«Hallo», kommt auf einmal von links von meinem direkten Sitznachbarn.

«Ähm, hallo zurück?», entgegne ich dem ganz gut aussehendem Blonden mit seinen blauen Augen.

«Ein Mädchen neben mir! Was verschafft mir die große Ehre – in einem Saal voller Kerle?»

«Der einzige freie Platz, den ich auf die Schnelle finden konnte? Und außerdem bin ich nicht das einzige Mädchen hier. Guck mal da, in der dritten Reihe rechts, eine Blondine.» Ich zeige mit dem Zeigefinger auf die ersten Reihen.

Der sympathische Sitznachbar fängt an zu lachen:

«Meinst du die Gestalt da vorne? Das ist ein Mann.»

«Was, die mit den schönen langen Haaren ist ein Kerl? Das kann nicht sein.»

«Ich beweise es dir.» Er faltet ein Blatt Papier zu einem Flieger und zielt auf die Blondine, die sich umdreht und in dem Moment tatsächlich als männlicher Kommilitone mit Brille entpuppt.

«Schade, das war wohl nichts», kommentiere ich.

«Anfängerfehler, aber du wirst schnell lernen. Ich hatte immerhin 1,5 Stunden Vorsprung dir gegenüber.»

«Ja, irgendwie muss ich meinen Wecker überhört haben. Habe ich was verpasst?»

«Ne, nicht wirklich. Wir gehen gerade das Summenzeichen durch.»

Ach, DAS ist das Zeichen, dass vorne an der Tafel steht. Ich hatte das mal in Mathe gesehen, wusste aber nicht mehr wofür es stand. Schluck.

«Na, und natürlich die schöne Eingangsrede, in der wieder gesagt wurde, dass nur 20 Prozent das Studium schaffen.»

«80 Prozent machen den Abschluss hier am Ende nicht? Warum?» Irgendwie wird mir unwohl bei dem Gedanken.

«Ach du, ich denke das hat verschiedene Gründe. Viele haben einfach keinen Bock so viel Zeit und Kraft zu investieren. Manchen ist es am Ende zu schwer und ein paar werden exmatrikuliert.»

«So einfach wird man doch nicht rausgeschmissen? Ich meine, das passiert doch bestimmt denen, die gar nichts tun?»

«Weiß ich nicht. Ich denke nicht unbedingt. Die Regeln sind hier ziemlich streng: Man darf drei Mal durch die gleiche Klausur rasseln, danach kommt die Mündliche beim Professor und wenn man diese nicht besteht, ist man weg vom Fenster. Je nachdem, in welchem Modul du endgültig durchfällst, darfst du jeden Studiengang, der dieses Modul enthält, auch nicht anfangen zu studieren.»

«Uff, das klingt hart. Aber ich meine, um drei Mal durchzufallen, muss man wirklich faul sein, oder nicht?»

«Puuuh, ich weiß nicht, wie schwer es ist drei Mal durchzufallen. Darüber sage ich nichts, bevor ich nicht meine erste Klausur geschrieben habe! Ich bin übrigens Fabian. Jetzt quatschen wir schon so lange und haben uns noch nicht einmal vorgestellt.»

«Rosie, freut mich.» Fabian heißt er also. Sieht gar nicht mal schlecht aus. Zwar nicht mein Typ, aber scheint 'ne coole Socke zu sein.

«Und für welchen Studiengang hast du dich eingeschrieben, Fabian?»

«Ich studiere Elektrotechnik.»

«Ach, cool, dann haben wir ja viele Vorlesungen zusammen. Ich studiere Wirtschaftsingenieurwesen Elektrische Energietechnik. Reine Elektrotechnik war dann doch irgendwie zu viel des Guten», erkläre ich.

Während des Gesprächs mit Fabian wird mir klar, dass Wirtschaftsingenieurwesen an der RWTH vielleicht auch ein wenig zu viel des Guten ist. Mir war nicht klar, dass der Studiengang an dieser Uni aus 70 Prozent Technik und 30 Prozent BWL besteht. In der Studienberatung wurde mir der Studiengang als 50/50 verkauft. Soll wohl auch überall so sein, außer an dieser Uni.

«Da bist du ja dann genau an der richtigen Uni gelandet, Rosie», grinst Fabian, der sich offensichtlich etwas lustig über mich macht.

«Wieso hast du denn dann die Technische Hochschule ausgesucht, wenn es nicht gerade die Begeisterung an der Technik war?»

«Sehr lustig. Ehrlich gesagt, weil ich gesehen habe, dass Aachen an der Grenze zu den Niederlanden und Belgien liegt. So ein wenig internationales Flair und so, wenn du verstehst.» Ich gebe zu, so laut ausgesprochen klingt es ein wenig bescheuert. Ich treffe Entscheidungen mehr aus dem Bauch heraus. Jedenfalls bin ich mit diesem Entscheidungskonzept bisher ganz gut gefahren. Hoffen wir mal, dass es sich auch weiterhin bewährt.

«Sag mal, das da vorne, in der ersten Reihe, das ist aber ein Mädchen?», versuche ich vom Thema abzulenken.

Fabian lacht.» Ja, das ist ein Mädchen. Soll wohl Heidrun heißen. Ich beobachte sie schon seit einiger Zeit. Sie sieht nicht nur unheimlich aus, sondern benimmt sich auch so: Sie schreibt wirklich alles mit, was der Prof sagt. Und um schneller zu sein, schreibt sie mit beiden Händen.»

«Mit beiden Händen?»

«Ja! Schau mal. Sie beginnt mit der linken Hand und in der Mitte des Blattes wechselt sie den Stift in die rechte Hand, so dass sie mit der Linken direkt wieder an den Anfang gehen kann.»

«Macht für mich keinen Sinn. Sie muss doch trotzdem von der rechten Hand schnell an den Anfang springen.» Da sieht man mal endlich ein Mädchen, und dann so was. Vielleicht ist doch mehr an den Gerüchten dran, als ich dachte. Es läutet. Gott sei Dank. Das reicht mir hier erst mal für den Anfang.

«Hey Rosie, willst du mit uns essen gehen? Ich bin mit ein paar Leuten, die ich auf dem Weg zum Vorkurs kennengelernt habe, vor der Hauptmensa verabredet.»

«Klar, gerne.» Ich bin mal gespannt was das für Leute sind.

«Ich übernehme aber keine Verantwortung dafür, ob sie normal sind.»

Mist. Als könnte er Gedanken lesen. Auf dem Weg vom Audimax zur Mensa bleibe ich an der roten Ampel des Templergrabens stehen.

«O.K., Rosie, pass auf. Es gibt da einige Regeln in Aachen, die man einhalten muss. Ich bin da klar im Wissensvorteil, da mein Bruder auch schon in Aachen studiert hat. Regel Nummer zwei lautet: Bleibe nie an einer roten Ampel stehen.»

«Was ist denn das für eine komische Regel? Und warum Regel Nummer zwei, was ist mit Regel Nummer eins?»

«Wenn du in Aachen an einer roten Ampel stehen bleibst, studierst du in der Regel ein Semester länger. Regel Nummer eins ist: Laufe nie unter dem gähnenden Maul des Schervierbogens entlang.»

«Dem was?»

«Dem Torbogen unten am Karman-Auditorium. Wer hier drunter herläuft, bekommt seinen Abschluss nicht.»

«Sagt wer? Das sind ja echt verrückte Regeln. Aber an die, bei Rot über die Ampel zu laufen, halte ich mich natürlich gerne. Gibt es denn noch mehr Regeln?»

«Das wirst du erfahren, wenn es soweit ist.»

Am anderen Ende der Ampel erblicke ich bereits Fabians neue Bekanntschaften, die dort auf ihn warten. Ich bin schon gespannt auf die verrückten Gestalten, die ich gleich kennenlernen darf. Sie, Brille, lange blonde Haare zu einem Pferdeschwanz gebunden. Er, groß und blond, ein wenig steif, der Haltung nach zu urteilen, mit einem irgendwie unangenehmen, etwas eindringlichen Blick. Ich hasse erste Eindrücke. Meistens taugen sie nichts und ich werde nach einiger Zeit eines Besseren belehrt. Sie, Sabine, scheint nach einem ersten Wortwechsel sympathisch, wenn auch etwas übermotiviert. Er, Falk, behält dieses gewisse Etwas, das ich nicht definieren kann, und das mir ein unwohles Gefühl in seiner Gegenwart gibt.

«Warten wir noch auf jemanden?», fragt Falk.

«Ja, auf Hao. Er wollte auch noch kommen», entgegnet Sabine.

«Da bin ich auch schon. Danke fürs Warten, meine Freunde. Ich bin leider kein besonders pünktlicher Chinese. Und da wir schon bei dem Thema sind, auch kein besonders fleißiger. Nur, um schon mal alle Vorurteile von mir zu weisen.»

Mit den Worten habe ich Hao direkt in mein Herz geschlossen. Das Mittagessen könnte doch noch ganz lustig werden… Die Mensa wirkt nicht gerade einladend, als wir eintreten. Es gibt drei Hauptgerichte, zwischen denen man auswählen kann. Bei näherer Betrachtung beschränkt sich die Auswahl jedoch nur auf zwei Mahlzeiten: Vegetarisch und nicht vegetarisch. Das dritte Gericht ist preislich für den Durchschnittsstudenten eher uninteressant. Da ich von Grund auf ein Dessertmensch bin, interessiert mich die Auswahl der Nachspeise umso mehr. Jedoch auch diesbezüglich jauchze ich nicht vor Glück: Hier muss ich mich wohl zukünftig auf die Suche nach Alternativen begeben. Ich entscheide mich letztlich für das Fleischgericht sowie einen kleinen Pudding und geselle mich zu meinen neuen Kommilitonen an einen Tisch.

«Und ihr so?», beginnt Falk eine, wie ich erahne, wenig erheiternde Konversation.» Wie kommt ihr zu dem Studiengang E-Technik?»

Eine Frage, von der ich befürchte, sie noch öfter in diesem Semester beantworten zu müssen. Die Antworten meiner Kommilitonen fallen hierbei unterschiedlich aus. Für Sabine, die schon immer an Mathe interessiert war, sich jedoch nicht für BWL oder ein reines Mathematik-Studium begeistern konnte, stand ziemlich früh fest, dass der Weg des Wirtschaftsingenieurs genau der richtige für sie sei. Fabian, der schon von Kind auf eine Leidenschaft für Technik entwickelte, wusste seit der 9. Klasse, dass er nach dem Abi genau wie sein Bruder E-Technik an der RWTH studieren wolle. Hao ist eher von seinem Vater geleitet, der bestrebt ist, dass etwas Vernünftiges aus seinem Sohnemann wird. Ja, und was Falk betrifft, dem geht es vor allem um die Knete.

«Als Ingenieur, aber vor allem als Wirtschaftsingenieur, hast du ein super Einstiegsgehalt. Das soll so bei 40.000€ – 50.000€ im Jahr liegen. Ich kann mir auch vorstellen, irgendwann mal ein eigenes Unternehmen zu gründen. Oder einen Doktor zu machen. Danach hat man bessere Chancen an Vorstandsposten zu kommen.»

Klingt ja höchst interessant. Ich kann diesen eingebildeten Typen nicht leiden. Falk scheint mein Desinteresse bemerkt zu haben und lotst mich direkt ins Gespräch.

«Rosie, und was war dein Entscheidungsfaktor für das Studium?»

«Hmhh, wenn ich so länger darüber nachdenke, hatte ich einfach einen schlechten Tag, als ich die Entscheidung getroffen habe.» Ich habe keine Lust, auf sein Gespräch einzugehen.

Hao fängt an zu lachen.

«Nicht dein Ernst? Das ist klasse, darauf müssen wir anstoßen! Das wird eine geniale Zeit in Aachen mit seinen hochmotivierten Studenten, die alle irgendwie einen abgeknallten Grund haben, hier zu sein. Prost!»

Er erhebt sein Glas und trinkt sein halbes Glas Wasser, ohne nur einmal mit der Wimper zu zucken, auf ex.

# Die Ersti-Woche

Nach sechs Wochen Mathekurs ist mein Gehirn in einem Zustand zwischen Genie und Wahnsinn, sozusagen zwischen mathematischen Funktionen und vollständiger Induktion. Ich muss meinen Kopf wieder von dem ganzen Wissen befreien und so kommt es mir sehr gelegen, dass das Semester nun endlich offiziell angefangen hat und ich mich in der berüchtigten Erstsemesterwoche befinde. Das bedeutet vor allem eins: Party!

Die Erstsemesterrallye ist das erste Erscheinungsbild dieser wunderbaren Zeit. Ich werde in eine Gruppe von ca. 10 Kommilitonen eingeteilt und erkunde gemeinsam mit ihnen die Stadt. Die Uni hat sich hier alle Mühe gemacht und in der gesamten Stadt spielerische Stationen sowie Informationsstände aufgebaut. Mir war gar nicht klar, dass die RWTH seit 2007 zu den neun Spitzenuniversitäten gehört. Geschweige denn, dass der Frauenanteil an unserer Uni bei nur ca. 30% liegt. Ich werde aus meinen Gedanken gerissen, als ich sehe, dass ein schwergewichtiger Sumoringer mit voller Wucht auf mich zugerannt kommt. Bevor ich ihm ausweichen oder nur signalisieren kann, dass er in meinem Weg steht, liegt er schon mit seinem gesamten Gewicht auf mir. Und ich mitten auf dem Pflasterboden am Aachener Markt.

«Autsch!», entgegne ich erbost.

«Oh, das tut mir so leid. Ich habe dich nicht gesehen», entschuldigt sich der Sumoringer.

Der 110-Kilo-schwere Kerl hält mir seine Hand hin, um mir beim Aufstehen zu helfen.

«Das habe ich gemerkt. Ich wusste zwar, dass es für Frauen in Aachen anstrengend wird, aber dass die Männer sich gleich auf einen stürzen, das war mir neu», entgegne ich ironisch.

«Ha! Dafür, dass ich dich fast tot gerannt habe, hast du aber ganz viel Humor. Ich bin übrigens Franz. Freut mich, dich kennenzulernen. Auch wenn es auf diese Art geschehen ist.» Besagter Franz lächelt und fährt mit seiner Hand durch seine braunen Haare.

«Ich bin Rosie. Darf ich dich fragen, warum du in einem Sumo-Kostüm steckst und dich auf Leute stürzt?»

«Ach, ich habe bei einem dieser stationären Spiele mitgemacht und mit einem Kumpel die Wette ausgeheckt, mitten im Spiel einfach die Spielfläche zu verlassen, um im Kostüm zu verschwinden. Wir wollten mal sehen, was passiert. Leider läuft man in den 110 Kilos nicht besonders schnell und ist auch generell nicht Herr jeder Lage. Ich fühle mich echt wie so ein 90-jähriger alter Mann, bei dem jeder einzelne Schritt eine große Überwindung ist.»

«Hey, du!!! Bleib, wo du bist!», ertönt es mehrere Meter von uns entfernt. Ein aus der Puste wirkender typischer Ingenieurstudent, der äußerlich alle Klischees erfüllt – Brille, groß und schlaksig – kommt auf Sumoringer Franz zu.

«Ich muss leider weiter. Ich muss es mit dem Teil hier bis zur Pontstraße schaffen, sonst schulde ich meinem Kollegen einen Bierkasten», erwidert Franz und funkelt mich mit seinen grünen Augen an.

«Das wäre natürlich tragisch», kommentiere ich belustigt.» Ich versuche in der Zeit, deinen Verfolger abzulenken. Dann bekommst du einen leichten Vorsprung.»

«Mit deinem Charme wird das bestimmt kein Problem. Du hast was gut bei mir! Wenn du Lust hast, könnten wir...»

«Ha, gleich habe ich dich!» Der klischeehafte Ingenieurstudent ist nur noch einen Schritt von uns entfernt, sodass ich reflexartig auf ihn zugehe und ihn umarme. Aus dem Augenwinkel erkenne ich noch Franz, der sich langsam mit seinen 110 Kilo sowie einem *Danke* auf den Lippen von der Gefahrenzone entfernt. Wollte er mich gerade zu einem Kaffee einladen?

«Kennen wir uns?», ertönt es in meinen Armen aus dem Munde des erschöpften Ingenieur-Klischee-Menschen, der jedoch gleichzeitig keine Anstalten macht, sich aus meiner Umarmung zu befreien.

«Christoph, du alter Hase.» Was Besseres fällt mir in dem Moment nicht ein. Und mit dem Namen Christoph fährt man in der Regel immer ganz gut.» Wir haben uns ewig nicht gesehen! Es ist so schön, dich wieder zu sehen.» Ich löse mich aus der Umarmung, weil es dann doch langsam etwas unheimlich wird.

«Ich erinnere mich gar nicht an dich. Übrigens heiße ich Hans Peter. Peter ist mein Nachname, wohlgemerkt.»

«Oh sorry, irgendwie hatte ich Christoph im Kopf. Aber wenn ich dich so genau anschaue, bist du es auch gar nicht. Ich muss dich irgendwie verwechselt haben.» Mit diesen Worten drehe ich mich um und gehe.

«Warte mal.»

Mist, ich ahnte, dass es nicht so leicht sein würde ihn loszuwerden. Ich bleibe stehen.

«Ich habe dich im Mathevorkurs gesehen. Wir waren in derselben Übungsgruppe. Bei den drei Mädchen, die im Kurs waren, ist es ein Leichtes dich wiederzuerkennen. Vor allem, da du von allen auch noch die attraktivste Brünette warst.»

Moment. Flirtet dieser Nerd etwa mit mir?

«Ähm, ja danke für das Kompliment, Hans Peter.» Ich habe noch nie jemanden getroffen, der sich mir mit seinem vollen Namen vorgestellt hat. Hans Peter hat zudem irgendwas Witziges an sich.

«Und wie läuft deine erste Semesterwoche? Hast du dich vom Lernstoff noch nicht erschlagen lassen? Die Klausuren sollen ja noch ganz schön hart werden.»

Auch das noch. So nervige Studiums-Unterhaltungen, die einem unterschwellig Stress zufügen.

«Äh, bis jetzt noch nicht. Die Klausuren sind ja auch noch weit weg», versuche ich das Thema zu verdrängen.

«Ja, das sagst du jetzt. Aber schwuppdiwupp ist das Semester plötzlich zu Ende und die Klausuren stehen vor der Tür.»

Er geht mir jetzt schon auf die Nerven, dieser Hans Peter.

«Hör zu, es war nett mit dir zu plaudern, aber ich muss jetzt wirklich los.»

«Alles klar. Ich bin eigentlich ursprünglich hinter dem Sumoringer her. Er besaß die Dreistigkeit, sich des Kostüms zu bereichern und darin zu verschwinden. Aber ich werde ihn kriegen. Man sieht sich. Und hey, falls du mal Lust hast mit jemandem zu lernen: Du findest mich unter dem Namen Hans Peter bei studiVZ. Würde mich freuen!»

«O.K., bis bald.» Ich nehme das Angebot zur Kenntnis und hoffe, dass ich nie dazu kommen werde, es zu nutzen.

# Warum nicht mal Bummeln gehen

22 Uhr. Dienstagabend. Ich sitze in meinem Bett und bin prophylaktisch schon mal in meinen Pyjama geschlüpft. Mit einer Packung Lindt-Schokolade – ja, ich bin jetzt tatsächlich abhängig – mache ich es mir gemütlich und schaue einen Film. Ich sollte vielleicht langsam aufhören, jedes Mal nach der Uni zu Lindt zu laufen. Wenn diese Schokolade nur nicht so auf der Zunge zergehen würde…

*Klopf, Klopf.*

Hat es geklopft? Ich hoffe nicht. Ich habe gerade echt keine Lust auf Konversation.

*Klopf, Klopf.*

O.K., es hat EINDEUTIG geklopft. Mist. Zwei Möglichkeiten: Tief einatmen und totstellen, oder – und diese Option gefällt mir weitaus weniger – an die Tür gehen und aufmachen. Ich rühre mich nicht.

*Klopf, Klopf.*

«Rosie, bist du da?», ertönt es hinter der Tür von Julia, einem Mädchen aus der Verbindung.

Oh man, da muss ich wohl leider durch. Ich werfe schwungvoll die Decke zurück und mache meine Zimmertür auf.

«Hi Rosie, du bist ja doch da. Ich wollte dich fragen, ob du

Lust hast nach unten in den Gemeinschaftsraum zu kommen? Wir feiern heute Abend Karls Eintritt als Fuchs. Danach wollten wir vielleicht eine Runde bummeln gehen. Es wäre cool, wenn du dabei wärst.»

«Hi Julia. Nett, dass du fragst. Ich war eigentlich schon auf dem Weg ins Bett. Ich habe morgen um 8 Uhr Vorlesung. Was ist denn ein Fuchs und WAS wolltet ihr danach machen?» Interessant, dass andere es feiern, zum Fuchs zu werden. Ich wurde schon als Fuchs geboren: als Rosie Fuchs[3].

«Deswegen wäre es cool, wenn du mitkommst. Dann können wir dir etwas mehr über unseren Corps erzählen. Es ist so toll, mal wieder ein neues Mädchen im Corps Elaectritia zu haben! Weißt du, es ist auch eine Besonderheit unserer Verbindung, dass auch Mädchen aufgenommen werden. Ich bin ja auch noch nicht so lange dabei. Komm mit runter, dann erzähle ich dir alles in Ruhe.»

Wenn ich ehrlich bin, interessiert es mich jetzt auch nicht soooo sehr, was Bummeln bedeutet, als dass ich nun extra dafür mein kuscheliges Bett verlassen und aus meinem bezaubernd plüschigem Pyjama steigen müsste. Doch zugegeben: Seit ich hier in der Verbindung wohne, habe ich nicht wirklich viel Zeit mit den Verbindungsleuten verbracht. Was vielleicht auch daran liegt, dass ich nicht aus Überzeugung hierhin gezogen bin. Vielmehr aus... Verzweiflung? Natürlich musste ich vor dem Mathevorkurs für drei volle Monate in den Urlaub fahren, und natürlich habe ich mich vorher um nichts gekümmert, um dann bei meiner Rückkehr festzustellen, dass es keine freien Zimmer mehr in Aachen gibt. Aber wer hätte auch damit rechnen können? Ich meine, ernsthaft, hätten sie nicht ein Zimmer für mich freihalten können? Spaß bei Seite. Fakt ist: Ich kam

---

3  hihi

wieder, Anfang September, und das Resultat: Rosie ohne Zimmer in Aachen. Auf WG-Gesucht alles weg. studiVZ-Einträge à la ‹Kennt jemand jemanden› blieben auch ohne jeglichen Erfolg. Bezüglich der Studentenwerke muss man sich meistens schon ein Jahr vorher in die Warteliste eintragen lassen, um dort ein Zimmer zu ergattern. Da wusste ich doch noch nicht mal, was ich überhaupt studieren soll? Und dann auf einmal, auf WG-Gesucht ein neuer Eintrag: 12m²-Zimmer mit Balkon, Gemeinschaftsküche, eigenes Bad und Dusche. Gemeinschaftssaal und Garten. Ich traute meinen Augen kaum, als ich dann den Mietpreis sah. 150 Euro im Monat inklusive Internet! Was war denn das für ein Angebot? Und dann kam sozusagen das Kleingedruckte mit leicht bitterem Beigeschmack: Politisch neutrale, nicht-schlagende Studentenverbindung – Nationalität, Herkunft und Religion sind kein Kriterium für die Aufnahme neuer Mitglieder – Frauen bevorzugt. Da war er also offiziell, der erste offensichtliche Vorteil, in Aachen eine Frau zu sein. Ob das jetzt etwas Positives oder Negatives war? Keine Ahnung. Was sollte man von so einem Inserat halten? Eine Verbindung, in der sich höchstwahrscheinlich ein Dutzend Männer tummelten, die sich an ein paar Frauen ergötzen? Das war wahrscheinlich übertrieben. Denn wenn man näher darüber nachdachte, konnte es auch Vorteile haben: Keine Zickereien, immer ein Mann im Haus… Ich beschloss also, der Sache eine Chance zu geben und schrieb dem Verfasser des Inserats eine kurze Nachricht mit den wichtigsten Infos über mich: Weiblich (sorry, aber ich brauchte wirklich dringend ein Zimmer), sauber (unordentlich ließ ich aus), offen (gegenüber Studentenverbindungen eher verschlossen verschwieg ich auch lieber) und tanze gerne. Die Argumente schienen in der Tat gefruchtet zu haben: Keine drei Stunden später hatte ich schon ein Vorstellungsgespräch für den nächsten Tag in der Verbindung sicher. Einmal in den Zug gesprungen, nett gelächelt, kam danach auch ziemlich prompt die verbindliche Zusage für das Zimmer.

«O.K., ich ziehe mir eben etwas an und dann komme ich runter.» Das schlechte Gewissen packt mich am Ende doch. So ein wenig Dankbarkeit schadet nie. Wenn ich schon hier wohnen darf, dann sollte ich mich doch ein wenig mehr einbinden und den Verbindlern eine Chance geben. Ich meine, ich verstehe mich mit allen super und verbringe auch sehr gerne Zeit beim Kochen oder ähnliches mit ihnen, aber sobald es um irgendwelche Verbindungsaktivitäten im Hause geht, bin ich in der Regel raus.

Als ich unten im Keller ankomme, sind schon viele aus der Verbindung an der Theke und trinken bereits ihr – ich will gar nicht wissen wievieltes – Bier. Julia strahlt, als sie mich sieht.

«Da bist du ja gerade im richtigen Moment gekommen. Wir singen gleich die Vereinshymne, bevor Karl offiziell zum neuen Fuchs gekürt wird.»

Kaum hat sie die Worte ausgesprochen, geht auch schon das Licht im Keller aus und Kerzen werden angezündet. Nicht einfache Kerzen, sondern edle weiße Stabkerzen in hochwertigen Kerzenhaltern. Jeder in dem Saal – außer mir – fängt an zu singen:

*Burschen heraus!*
*Lasset es schallen von Haus zu Haus!*
*Wenn der Lerche Silberschlag*
*grüßt des Maien ersten Tag,*
*dann heraus, und fragt nicht viel,*
*frisch mit Lied und Lautenspiel!*
*Burschen heraus!*

*Burschen heraus!*
*Lasset es schallen von Haus zu Haus!*
*Ruft um Hilf' die Poesie*
*gegen Zopf und Philisterei,*
*dann heraus bei Tag und Nacht,*
*bis sie wieder frei gemacht!*
*Burschen heraus!*

*Burschen heraus!*
*Lasset es schallen von Haus zu Haus!*
*Wenn es gilt fürs Vaterland,*
*treu die Klingen dann zur Hand,*
*und heraus mit mut'gem Sang,*
*wär es auch zum letzten Gang!*
*Burschen heraus!*

Stille. Jeder im Saal – wieder außer mir – scheint nach dem Lied tief ergriffen zu sein.

«Das ist das beliebteste Lied in der Corps», flüstert Julia mir zu.» Und lass dich nicht von dem Wort Burschen irritieren. Die traditionellen Lieder wurden alle beibehalten, selbst wenn seit neuestem auch Frauen eintreten dürfen. Wir sind deswegen nicht weniger angesprochen oder so. Pass auf, jetzt weiht der Fuchsmajor offiziell Karl als Fuchs ein.»

Ehrlich gesagt wirkt die gesamte Szene etwas abstrus auf mich. Der mir von Julia als Fuchsmajor Vorgestellte gibt irgendwelche lateinischen Sätze von sich, während seine Hand beständig auf Karls Kopf ruht.

«Jede Verbindung hat hier ihre ganz eigenen Prozedere. Für Karl ist das jetzt ein ganz wichtiger Moment in der Geschichte seines Verbindungslebens: Er wechselt hier vom Spefuchsen zum Fuchsen in der einjährigen Probephase. In dieser Zeit hat er eingeschränkte Rechte und Pflichten. Er muss sich vor allem mit der Kultur der Verbindung vertraut machen, damit er im Folgenden bestens für die Vollmitgliedschaft, in der er zukünftig Ämter und Chargen übernimmt, vorbereitet ist.»

Ich habe weder Ahnung, was ein Spefuchs ist, noch was die Rolle eines Chargen ist, wage jedoch nicht, nachzufragen. Es könnten ausführliche Erklärungen folgen.

«Der Fuchsmajor ist während der Probephase des Fuchses verantwortlich für dessen Ausbildung. Er weiht den Fuchs in einer Lehrstunde pro Woche unter anderem in die Tafelrunde ein und vertritt ihn auch bei Conventen, den sogenannten Sitzungen. Erst nach bestandener Burschenprüfung wird der Fuchs zum Burschen und somit zum vollberechtigten Mitglied.»

«Zähle ich dann momentan zu den Spefuchsen, oder wie bin ich einzuordnen?» Ich spüre eine Schweißperle auf meiner Stirn.

«Ja genau. Du bist noch ein Spefuchs. Du bist ja gerade erst angekommen und musst dich erst ein wenig einleben. Sobald du dann Interesse an einem Einstieg hast, kommst du auf einen von uns zu und bekundest dein Interesse an einer Mitgliedschaft. Deine damit einhergehende Kandidatschaft als Fuchs wird dann in einer unserer Versammlungen diskutiert. Hier werden aber selten Kandidatschaften abgelehnt: Meist sieht man ja vorher, ob man zu einer Verbindung passt oder nicht.»

«Muss der Karl jetzt auch irgendwas unterschreiben oder so?»

«Ne, der Übergang zum Fuchsen geschieht lediglich mündlich und kann auch jederzeit beidseitig mündlich gekündigt werden.»

Sie zählen mich also schon zu den Spefüchsen. Ich habe nicht vor, in eine Verbindung einzutreten. Es ist jedoch verständlich, dass sie davon ausgehen. Immerhin wohne ich hier und könnte hier auch nicht wohnen, wenn ich nicht auch die Mitgliedschaft in deren Verbindung in Erwägung zöge. Sonst könnte ja jeder x-beliebige Student hier ein- und ausziehen. Das ist natürlich nicht der Sinn der Sache. Ich habe somit Glück im Unglück, dass ich hier noch ein Zimmer bekommen habe…

«Möchtest du ein Bier?», reißt mich Julia aus meinen Gedanken.

«Ja gerne.» Am liebsten gleich drei auf einmal. Ich muss das alles erst mal verdauen.

«Trink hier aber nicht zu viel Bier. Wenn wir dich gleich mit auf den Fuchsenbummel nehmen, bekommst du noch genügend Gelegenheit etwas zu trinken.»

«Was ist genau dieser Bummel, von dem du sprichst?»

«Es ist Tradition, die Füchse einmal im Semester auf einen Bummel mitzunehmen. Man zieht hier über die verschiedenen Korporationshäuser und erhält in jedem Haus ein kostenloses Bier. Je nach Verein kann es sein, dass es bei nur einem Bier bleibt. Es bietet sich demnach an, von Haus zu Haus zu ziehen, also um die Straßen zu bummeln.»

Hier ist sie: Die erste Bestätigung des Vorurteils, in Verbindungen werde exzessiv getrunken. Und ich bin live dabei. Yippie.

«Denk jetzt aber nichts Falsches von uns: Hier geht es in erster Linie nicht darum, sich grundlos zu betrinken, und das für lau. Vielmehr ist es das eigentliche Ziel, neue Leute kennenzulernen und alte Kontakte zu pflegen.»

Ah ja, dann erbarme ich mich heute Abend bei diesem Bummeln mitzuziehen. Netzwerken und so. Nach meinem ersten Bier erfahre ich von Julia, dass wir alle Klausuren gemeinsam haben, obwohl sie, wenn mich nicht alles täuscht, bereits im dritten Semester ist? Vorurteil Nummer zwei bestätigt: In einer Studentenverbindung wird man zum Langzeitstudenten. Ich muss aufhören so skeptisch zu sein. Immerhin lebe ich hier und es sind bisher alle ganz nett. Zwar nicht genau auf meiner Wellenlänge, aber nett.

Nach einem weiteren Glas Bier und drei Runden Kicker geht es dann tatsächlich auf eine dieser berüchtigten, nächtlichen Bummeltouren Aachens. Ich muss zugeben, dass ich nicht besonders viel Alkohol vertrage – liegt womöglich an meiner geringen Größe und Zierlichkeit – und so torkele ich bereits am Anfang des Abends mit Karl, Julia und Fuchsmajor zum ersten Korporationshaus. Besagter Fuchsmajor hat übrigens auch einen Namen und der lautet Friedrich. Ich lache mich tot: Fuchsmajor Friedrich? Als wäre es schon immer seine Bestimmung gewesen in die ehrenwerte Rolle des Fuchsmajors Friedrich hereinzuwachsen. Laut ausgesprochen kommt mein Gedanke jedoch gar nicht gut an und so versuche ich wieder ein wenig ernst zu wirken, indem ich meine Klappe halte. Um in mich hineinzukichern. Hach jaaaa, Fuchsmajor Friedrich. Dass die das nicht lustig finden…[4]

Im ersten Korporationshaus angekommen wird mir erst einmal ein weiteres Bier in die Hand gedrückt und ich staune nicht schlecht: Das Haus ist sehr luxuriös eingerichtet und scheint auch wesentlich älter als das unsere zu sein. Wir gehen allesamt in den Keller, wo sich bereits viele Leute tummeln, Bier trinken und laut Musik hören. Ehrlich gesagt sieht das sogar nach einer Menge Spaß aus. Hier und da ein Small Talk oder ein Bier, dann ein Bier und ein Small Talk, dann ein Tanz, daraufhin ein ziemlich peinlicher Tanz, auf den ich an diesem Abend sogar noch ziemlich stolz bin, und dann sehe ich plötzlich, dass sich am Ende des Saales ein Swimmingpool befindet! Wie ist mir der vorher nicht aufgefallen? Wenn ich meinen Bikini hätte, würde ich da direkt mal reinspringen. Plötzliche Finsternis und Ruhe um mich herum. Mist, ist das ein Filmriss?[5] Hoffen wir mal, dass ich jetzt nichts Dummes mache…

---

4    Tsss
5    Ja, ist es…

# Zwischen Facebook, studiVZ und Gedächtnislücken

*Hey Rosie,*
*coole Aktion am Dienstag! Du warst auf jeden Fall Gespräch*
*Nummer eins an dem Abend! Schade, dass wir uns nur so kurz*
*unterhalten haben. Würde mich freuen, wenn wir uns mal auf*
*einen Kaffee treffen könnten. Meld dich mal!*
*LG Max*

*Hallo Tanzrosienchen,*
*Hut ab! Das was du da an dem Abend abgeliefert hast, das kann*
*dir so schnell keiner nachmachen! Wenn du mal wieder feiern*
*gehen solltest, sag Bescheid. ;-)*
*Beste Grüße, Tobi*

Wer ist Max, und wer ist Tobi? Klasse, mein Postfach ist voll mit Nachrichten nach besagter Nacht und keine dieser Nachrichten macht mich wirklich schlauer, was eigentlich passiert ist und wie hoch der Grad der Peinlichkeit meinerseits war.

*Alter Falter, Röschen, was muss ich da von meinen Übungskolle-*
*gen über dich hören? Nächstes Mal bitte Infos aus erster Hand ;-)*
*Da scheint sie doch noch ihren Spaß an der Verbindung gefunden*
*zu haben. Ich wünsche mehr Details…*
*Morgen Essen in der Mensa?*
*Greetz Fabian*

Endlich jemand, der mir vielleicht mehr Erklärungen geben
kann. Vielleicht weiß Fabian, was über mich erzählt wird. Ich
greife so schnell es geht zum Handy und wähle seine Nummer.

«Fabian, was weißt du?», überfalle ich ihn.

«Haha. Hallo erst mal. Du, nicht viel. Hin und wieder ist nur
dein Name gefallen. Habe da aber nicht so genau hingehört.
Meist werden die Geschichten eh komplett verändert. Ich wollte
die Story lieber aus deinem Munde hören.»

«Oh man, ich wünschte, ich könnte dir mehr sagen», entgegne ich.

«Du kannst dich an nichts mehr erinnern? Das wird ja immer
besser! Aber solange du im Suff nichts in der Verbindung unterschrieben hast, mache ich mir keine Sorgen um dich.»

«Sehr lustig.» Oh je, ich habe doch nichts unterschrieben?

«Morgen Mensa mit Hao? Ich schätze mal, dass du heute
nicht zur Uni gehst in deinem Zustand. Scheint ja doch ein
anstrengenderer Abend gestern gewesen zu sein.»

«Hm, ja ich denke, ich bleibe heute einfach mal im Bett und
ruhe mich aus.»

«Alles klar, tue das. Du kannst die Mitschriften der Vorle-
sungen später von mir haben. Ach, und vergiss nicht: Nächste
Woche ist Unicup! Ich besorge dir und Hao gleich im AStA eine
Karte. Er kommt auch mit.»

«Was war noch mal der Unicup?»

«Ein Eishockey-Turnier zwischen E-Technikern, Maschinenbauern und Medizinern in der Tivoli Eissporthalle. Soll wohl echt ganz cool sein. Und danach gibt es eine Party im Starfish. Da passe ich dann auf dich auf, damit du nicht wieder eskalierst.»

«Ich würde jetzt gerne irgendwas Gemeines entgegnen, aber mir fällt nichts ein.»

«Ha, das kriege ich öfter zu hören. Ich bin einfach makellos.»

«Immer schön bescheiden bleiben, mein Freund. Ich werde schon noch etwas an dir auszusetzen finden. Mein Kopf kriegt es nur heute nicht hin.»

«Dann tu mal deinem Kopf etwas Gutes und leg dich wieder hin. Wir sehen uns morgen.»

«Alles klar, bis morgen.»

Hach, ich bin richtig froh, dass es Fabian gibt. Er ist echt ein gut durchorganisierter, intelligenter und dazu noch hilfsbereiter Student. Nach wenigen Wochen musste ich bereits feststellen, dass er zu der beneidenswerten Spezies gehört, die in den Vorlesungen und Übungen direkt alles Wissen in sich saugt, verarbeitet, Unwichtiges herausfiltert und das übrigbleibende Know-how gekonnt anwendet. Des Weiteren, und hier kommt meine Wenigkeit ins Spiel, sieht er es als große Freude an, mit der anderen unintelligenteren Spezies sein Know-how zu teilen. Seine Argumentation: Wenn man es anderen erklärt, bleibt es länger im Kopf. Um die anderen, also meine Spezies, noch mal näher zu spezifizieren: Es handelt sich hierbei um den Durchschnittsstudenten, der nichts in Vorlesungen und Übungen versteht und, wenn ich ehrlich bin, auch nicht immer ganz aufmerksam ist. Da ist es dann immer ganz gut einen Fabian bei sich zu haben, der einem fünf Mal wiederholt, was du glaubtest, vor einer halben Stunde schon einmal verstanden zu haben. Hm, das Schlafen klappt irgendwie nicht so ganz. Was mache ich mit dem angebrochenen Tag? Vielleicht schaue ich in meinen studiVZ-Nachrichten, ob ich etwas mehr über den Abend herausfinden kann. Außerdem liebe ich es absurde Antworten zu geben.

> *Hallo Max,*
> *unsere Unterhaltung gestern war eine Bereicherung meines Abends. Ich kann mich zwar an das Gespräch nicht mehr erinnern, aber ich bin sicher, dass wir eine hochintellektuelle und angenehme Diskussion hatten. Sehr gerne hätte ich mit dir einen Kaffee getrunken, nur leider musste ich während meines 7. Lebensjahres feststellen, dass ich an einer Koffeinintoleranz leide. Bei meinem ersten Versuch, nach einem Schluck Kaffee gestärkt den Schulweg anzutreten (es war schon damals ein K(r)ampf früh aufzustehen), bin ich leider eingeschlafen. Kaffee hat bei mir die Wirkung, dass ich müde werde. Um also nicht unhöflich zu erscheinen und während unseres Kaffeegespräches einzuschlafen, lehne ich dankend ab.*
> *Viele Grüße, Rosie*

Also wenn das den Max nicht abschreckt, weiß ich auch nicht. Weiter.

> *Hallo Tobi,*
> *na das soll doch einer versuchen nachzumachen! Die Messlatte nach dieser einzigartigen Showeinlage ist ziemlich hoch. Und glaub mir, das war erst der Anfang! Carpe Diem. Und keine Angst: Sobald ich das nächste Mal tanzen gehe, ertönen die Posaunen schon aus 2 Kilometer Entfernung.*
> *Das kriegst du dann von alleine mit. ;-)*

Ach guck mal an. Eine Nachricht von Hans Peter. Da hat er mich wohl von allein auf studiVZ gesucht und gefunden:

*Hey Rosie,*
*hat mich gefreut, letztens von dir am Marktplatz umarmt zu*
*werden. Auch, wenn du mich mit jemand anderem verwechselt*
*hast. Also mein Angebot zum Lernen steht natürlich immer noch.*
*Melde dich doch mal. Viele Grüße, Hans Peter*

Ahhhh, was ist das immer mit seinem vollen Namen? Als wäre
er da stolz drauf. Ich meine, das ist kein Name à la James Bond,
mit dem man alle Frauen um den heißen Finger wickeln kann.
Nein, es ist Peter, Hans Peter. Naja, ich schlafe jetzt mal lieber.
Mein Bett ist viel zu kuschelig für solche tiefgründigen Fragen
am Nachmittag. Hoffen wir einfach, dass ich es nie dazu kommen lasse mit ihm für Klausuren zu lernen…

# Aachen Steelers vs. E-Tech Lions vs. Medical Strikers

«1000 Männer eine Frau, ich studier' Maschinenbau!!!»

«Karohemd und Samenstau, ihr studiert Maschinenbau!!!»

«Korn, Bier, Schnaps und Wein, wie geil ist es ein Eti[6] zu sein!!!»

Die Stimmung in der Tivolihalle ist bombastisch. Und ich muss zugeben: Unsere E-Techniker alias E-Tech Lions sehen auf Eis gar nicht mal so übel aus. Mit ihren Wolfshelmen und zerrissenen Hemden geben sie in der Tat eine ganz gute Figur ab.

«So einen Wolf würdest du auch mal gerne mit nach Hause nehmen, nicht wahr?», neckt mich Hao.

«Hao! Da bist du ja endlich!»

«Ja, ich bin etwas später dran, da ich noch beim Sport war. Wo ist Fabian?»

«Fabian besorgt uns dreien gerade einen Glühwein. Er meinte, bis er sich durch die Menge und Schlange durchgekämpft hat, wirst du auch endlich angekommen sein. Und er hatte Recht!»

Ich lächele ihn an.

---

6 Elektrotechniker

«Was wären wir nur ohne ihn? Ich muss zugeben, ich hatte, als ich angekommen bin, fast Lust auf die andere Seite zu den Maschinenbauern zu gehen. Da ist wesentlich mehr los. Die Stimmung hier bei den Etis ist noch etwas verhaltener.»

In dem Moment, als hätten sie Haos Kommentar gehört, schreit die Eti-Meute lauthals:

«Strom und Daten, darauf setzen wir!!! Strom und Daten, darauf setzen wir!!!»

«So Hao, bist du jetzt zufrieden? Die Stimmung wird langsam besser hier. Ich weiß nur nicht, ob das so gut für uns ist», kommentiere ich das Geschrei.

«Ich auch nicht. Kennst du das Wort Fremdschämen?»

«Ein Glühwein gefällig, ihr sexy Eti-Häschen?» Fabian kommt mit drei Glühweinen auf uns zu. Keine Ahnung wie er das logistisch gemeistert hat ohne komplett alles auszuschütten.

«Ehrlich gesagt, war es gar nicht so einfach euch wiederzufinden. Ich hielt nach einer Gestalt Ausschau, die nach Rosie aussieht. Die ganzen E-Techniker haben die Suche jedoch mit ihren braunen, langen Haaren erheblich erschwert. Übrigens musste ich bei meiner Suche nach Glühwein bei den Medizinern vorbei. Da sind die Gestalten mit langen Haaren wenigstens zu 90 Prozent tatsächlich weiblich UND, was meine Statistik noch interessanter macht: Dort sind tatsächlich circa 40 Prozent langhaarig. Jetzt könnt ihr ja den Frauenanteil berechnen.»

«Ohne Strom wär hier gar nichts los!!! Ohne Strom wär' hier gar nichts los!!!»

Hao und ich schauen uns an. Fremdschämen ist wieder angesagt.

«Jungs, was haltet ihr davon, wenn wir eine kleine Runde drehen und uns unauffällig zu den Medizinern stellen?», schlage ich vor.

«Das klingt super!» Hao ist direkt begeistert von der Idee.» Vielleicht können wir ein paar Mädels aufreißen. Nach Fabians Statistik gibt es da ja einige.»

«Ha! Sehr gut ausgerechnet, Hao. Ich finde die Idee aber auch nicht schlecht. Vielleicht sind die Sprüche dort auch ein wenig besser.»

Drüben bei den Medizinern fallen wir tatsächlich nicht auf. Zwar tragen die meisten von ihnen grüne Kittel, aber wir werden nicht großartig angestarrt. Ich bewerte dies als ein gutes Zeichen.

«Es geht los! Es geht los! Die Cheerleader machen jetzt ihre Show!» Hao ist ganz aus dem Häuschen und springt wild herum.

Als ich die Tanzdarbietungen der einzelnen Fakultäten sehe, kann ich Haos Freude nachvollziehen. Der Thriller-Grufti-Tanz der weiblichen E-Techniker, die hierfür extra einen Teppich auf der Eisfläche ausgerollt haben, ist das bezaubernde Pendant zu den Shows, die man aus den berüchtigten amerikanischen Teenie-Filmen kennt. Und auch bei der Darstellung der Maschinenbauerinnen staune ich nicht schlecht. Beine, die kreuz und quer durch die Lüfte schwingen. Glitzernde Pompons, die in der farbenprächtigen Pompon-Menge untertauchen und verschiedene Muster bilden.

«Alter Falter!», entgegnet Hao. «Sogar die Maschinenbauer haben heiße Mädels! Das ist so ungerecht!»

«Ach du. Die Show unserer E-Technikerinnen war doch auch super in ihren Zombiekostümen», schmunzelt Fabian.» Außerdem verstärken die kurzen Röcke der Maschinenbauerinnen nur den Cheerleader-Effekt: Wenn du dir jede Cheerleaderin individuell anschaust, ist sie gar nicht so hübsch. Bei unseren Eti-Häschen waren wenigstens die Gesichter von Zombiemasken bedeckt.»

«Was soll das denn jetzt bedeuten?», frage ich misstrauisch.

«Dann besteht wenigstens die Möglichkeit, dass unter der Maske ein hübsches Gesicht steckt.»

«Ich merke schon, mit euch werde ich noch viel Spaß haben.» Ich verdrehe die Augen.

«Keine Angst, Rosie. Wenn du nur lange genug mit uns abhängst, wirst du anfangen wie wir Männer zu denken. Das ist ein ganz schleichender Prozess, dem du dich nicht entziehen kannst.»

Hao macht mir etwas Angst. Ich denke an die Gespräche der Mädels im Mathevorkurs, die darüber redeten, dass man als Frau in Aachen mit der Zeit immer männlicher werde.

«Rosie! Schau her, da ist jetzt auch mal was für dich dabei!», schreit Hao.

Nicht. Dein. Ernst. Die Cheerleader der Fakultät Medizin breiten ihren Teppich genau vor uns aus. Allesamt männliche Cheerleader, die in grünen Kitteln zum Lied ‹I'm too sexy› von Right Said Fred tanzen und Schritt für Schritt die Hüllen fallen lassen. Mein lieber Chihuahua. Moment... den einen da vorne kenne ich doch? Ist das nicht? Wie war noch mal sein Name? Ach ja! Franz? Der Sumoringer, der mich vor einiger Zeit auf dem Marktplatz umgelaufen hat? Ha! Das ist er in der Tat! Und er sieht ohne sein Sumo-Kostüm ziemlich heiß aus.

«Rosie? Rosie? Bist du noch unter uns?» Hao nimmt mich wieder auf die Schippe.» Doch lieber so ein sexy Mediziner, als ein Eti-Wolf, ja?»

«Eindeutig ja.» Warum bescheiden sein, wenn man was Besseres kriegen kann?

«Jungs, das ist bis jetzt mit Abstand die beste Show heute Abend», entgegne ich.» Gut, dass wir zu den Medizinern gegangen sind. Von dort hinten hätte ich nichts gesehen. Ich liebe euch!»

«Oh, jetzt wird die Kleine direkt nostalgisch! Wir lieben dich auch.» Hao und Fabian umarmen mich von beiden Seiten beziehungsweise zerdrücken mich.

«Jungs, ich kriege keine Luft mehr!»

«Ich glaube, sie schreit nach noch mehr Liebe.» Die Umarmung der beiden wird noch fester.

«Jungs, ist das da eine Cheerleaderin in Unterwäsche auf der Eisfläche?» Ich weiß, ziemlich billig, aber etwas Besseres fällt mir in dem Moment nicht ein.

«Wo?» Die Jungs lassen von mir ab.

Das erste Spiel geht los. Mediziner gegen die E-Techniker beziehungsweise Medical Strikers gegen E-Tech Lions. Es gibt ein paar ziemlich gute Spieler, jedoch auch viele, die vor dem Turnier wahrscheinlich noch nie auf dem Eis standen. Huch, das war knapp. Da hätten die E-Tech Lions fast einen reingekriegt. Natürlich bin ich für den Sieg der E-Techniker, auch, wenn ich zeitgleich bei den Medizinern stehe. Am Ende wäre ohne Strom doch nichts los.

«Ich wusste gar nicht, dass du Medizinerin bist?» Ich weiß schon wer es ist, bevor ich mich umdrehe. Mein Herz…

«Rosie, oder? Ich bin Franz. Der, der dich letztens auf dem Marktplatz umgerannt hat.» Franz lächelt mich an.

Ich nicke.» Ich hätte dich ohne die 110 Kilo fast gar nicht erkannt. Zugegeben, dass du ohne diese keine so schlechte Figur abgibst. Vor allem ohne T-Shirt», zwinkere ich.

«Es war schon ein wenig kalt da unten. Aber Gott sei Dank hat es ja nur einige Minuten gedauert. So lange konnte ich gerade noch durchhalten», zwinkert Franz zurück.

Verdammt. Dieses Lächeln. Weiß er, wie charmant sein Lächeln ist? Wenn er es weiß, muss ich mich vor ihm in Acht nehmen. Das sind die Schlimmsten.

«Hast du es eigentlich damals bis zur Pontstraße geschafft?», lenke ich ab.

«Ach ja, leider nicht ganz. Auf jeden Fall noch mal vielen Dank für das Ablenkmanöver. Ich hoffe, du konntest den Typen danach gut loswerden. Er schien einer von der etwas nervigeren Sorte zu sein.»

«Das ging schon, keine Angst.» Ich muss schmunzeln. So einfach war das dann doch nicht.

«Hör zu, ich würde mich gerne bei dir revanchieren. Darf ich dich zu einem Glühwein einladen?»

Das lass ich mich natürlich nicht zwei Mal bitten.» Klar, das ist das mindeste, was du tun kannst. Ich schaue nur eben, wo meine Freunde sind und dann begleite ich dich. In dem Trubel findet man sich sonst nie wieder.»

Kurzer Check: Hao gesichtet mit einer kurzhaarigen Blondine, und Fabian mit zwei männlichen Cheerleadern. Alles im Lot.

«O.K., lass uns gehen.»

«Ich hatte ehrlich gesagt gehofft, dass ich dich beim nächsten Treffen nicht wieder umstoße.»

«Das ist dir gelungen.» Das heißt, er ist von einem nächsten Treffen ausgegangen? Sein entzückendes Lächeln wieder…

«Und du studierst also auch Medizin im ersten Semester?», will er wissen.

«So ähnlich. Ich studiere Wirtschaftsingenieurwesen Elektrische Energietechnik.» Huch, da muss man ja vorher gut einatmen, bevor man seinen Studiengang laut ausspricht, sonst geht einem die Puste mitten im Satz aus.

«Dann stehst du also nur bei den Medizinern, weil die Cheerleader dort männlich sind?»

«Ich dachte, da sei mehr zu holen als bei den Etis. Und ich hatte Recht. Jetzt habe ich immerhin schon einen Glühwein in der Hand.»

«In der Tat. Dann hast du ja alles richtig gemacht.» Und wieder dieses bezaubernde Lächeln.

«Wo kommst du eigentlich her, Franz?»

«Aus dem schönen Stuttgart.»

«Oha, ein Schwabe!»

«Bist du jetzt enttäuscht? Wir Schwaben sind nicht sehr beliebt in Nordrhein-Westfalen.»

«Im Gegenteil. Ich liebe Schwaben. Für mich klingt das Schwäbische fast so schön wie Italienisch, weisch?»

«Haha, das habe ich noch nie gehört. Freut mich, jemand freundlich Gesinnten zu begegnen. Wobei ich mich ziemlich bemühe, hier Hochdeutsch zu reden. Ich habe das Gefühl, dass die meisten, die in Aachen studieren, auch aus NRW kommen. Jedenfalls trifft man hier nicht viele, die von außerhalb kommen.»

«Ja, das stimmt. Ich komme auch aus NRW. Und was hat dich dazu gebracht, das schöne Schwabenland zu verlassen und Medizin in Aachen zu studieren?»

«Mir hat das Studienkonzept hier ganz gut gefallen. Das Medizinstudium wird als Modellstudiengang angeboten. Das heißt, dass man von Anfang an Patientenkontakt hat. Vorklinik und Klinik werden direkt miteinander verzahnt.»

«Das wusste ich noch gar nicht. Klingt auf jeden Fall nicht schlecht. Das erspart einem bestimmt einige Frustration am Anfang des Studiums.»

«Und wie ist es bei dir? Bist du mit deinem Studiengang zufrieden?»

«Hm, ehrlich gesagt habe ich noch nicht so viel mitbekommen. Ich war mit Ankommen und Einführungspartys beschäftigt.» Verdrängungsmechanismus. Immer so lange herschieben, bis es nicht mehr geht.

«Das hört sich aber euphorisch an! Jetzt wundert es mich auch nicht mehr, dass ich dich bei den Medizinern gefunden habe.»

«Ha, ja. Vielleicht.» Ich werde leicht rosa.

«Tor! Tor!», kommt es von nicht allzu weit.

Franz und ich drehen uns um. Natürlich. Es ist Hao. Wer sonst? Die E-Tech Lions haben ein Tor geschossen und Hao hat nichts Besseres zu tun, als seine Freude inmitten der Mediziner NICHT zu unterdrücken. Ich sehe nur, wie es um ihn herum still wird und die Mediziner ihn verwundert anschauen. Das scheint Hao jedoch weniger zu interessieren. Er springt wie wild herum und fängt an, ein paar Medizinerinnen abzuknutschen. Ich staune nicht schlecht, als von einer Medizinerin tatsächlich ein positives Feedback zurückkommt.

«Ist das nicht einer von deinen E-Techniker-Freunden?», fragt Franz erstaunt.

«Jepp. So ist es.»

«Ich wusste gar nicht, dass die Ingenieure so rangehen können.»

«Hao ist kein normaler Ingenieur. Wenn dem so wäre, wäre ich nicht mit ihm befreundet.»

«Rosie! Rosie! Hast du das gesehen?» Fabian kommt lachend – im Schlepptau seine zwei neuen männlichen Cheerleader-Buddies – auf mich zu.» Hao ist völlig eskaliert!»

«Das konnte ich sehen.»

«Darf ich dir meine neuen Freunde vorstellen?» Fabian zeigt auf die beiden Cheerleader.» Ferdl und Klaus. Sind beide schwer in Ordnung. Ich dachte mir, wenn du dir einen Cheerleader angelst, hole ich mir gleich zwei.»

«Servus, ich bin Klaus. Des ist Ferdl. Wir gehören aber eigentlich zu dem da.» Klaus zeigt auf Franz.

«Zwei Bayer und ein Schwabe? Das ist ja mal eine interessante Kombination», gebe ich überrascht von mir.

«Ja, wenn a Schwabe und a Bayer in NRW aufeinandertreffen, sind's auf oanmal die besten Freunde. Ausland schweißts z'sammen. Dahoam schaut's da wieder anders oas», entgegnet Klaus.

Was? Ich habe nichts verstanden. Irgendwas mit Ausland und Schweiß.

«Wir gehen jetzt mal wieder rüber. Als Nächstes spielen die Aachen Steelers gegen die E-Tech Lions. Das dürfen wir nicht verpassen.» Fabian zwinkert mir zu und schlendert mit seinen Bayern von dannen.

«Jetzt lenke ich dich ganz vom Spiel ab. Wenn du willst, können wir auch wieder nach vorne gehen und uns das Spiel weiter anschauen», schlägt Franz vor.

«Ne, das passt schon. Ich bin eigentlich nur wegen des Glühweins hier.» Mist, wenn er noch einmal so lächelt, bin ich ihm hoffnungslos verfallen.

«Wenn du magst, können wir uns auch schon mal auf den Weg zum Starfish machen. Sobald die Spiele zu Ende sind, wird die Schlange dort sehr lang sein. Und ich will nicht so lange warten, um deinen Tanzstil kennenzulernen.»

«Den will ich dir natürlich nicht vorenthalten.»

Franz hält mir seinen Arm hin und ich hake mich bei ihm ein. Ich suche noch kurz nach Fabians Blicken, um ihm deutlich zu machen, dass ich schon mal zur Disko vorgehe. Er scheint nicht überrascht zu sein und zwinkert mir noch einmal zu. Und Hao, ja der ist sowieso noch mit der Medizinerin beschäftigt.

«Deine Freunde scheinen echt nett zu sein. Jedenfalls wirst du dich mit ihnen nicht langweilen», stellt Franz fest.

«Das denke ich auch.» Ich lächele.

Vor dem Tivolieingang angekommen, holt Franz einen Schlüssel aus seiner Hosentasche.

«Bist du bereit?»

«Äh, kommt drauf an auf was?»

Er geht ein paar Schritte weiter und schließt das Schloss seiner Fahrradkette auf.

«Wenn ich gewusst hätte, dass ich heute eine bezaubernde Wirtschaftsingenieurin auf meinem Fahrrad mitnehmen darf, hätte ich vorher meine Fahrradkette geölt.»

«Das wäre keine gute Idee gewesen. Ich halte meine Fahrradkette extra rostig, da ich der Meinung bin, dass dies der beste Diebstahlschutz in Aachen ist.»

Franz nimmt seinen Schal vom Hals, faltet ihn zu einem Viereck und legt ihn auf den Gepäckträger.

«Darf ich bitten?»

Ich mache es mir so gemütlich es eben auf einem Gepäckträger sein kann und es geht los.

«Alles gut da hinten? Es kann sein, dass ich gleich ziemlich schnell werde. Du musst dich gut an mir festhalten. Das ist sonst sehr gefährlich.»

Ich schlinge meine Arme um Franz' Bauch. Ich will ja nicht, dass mir etwas passiert...

«Ist das Starfish denn weit von hier?», frage ich.

«Nein, gar nicht. In zehn Minuten sind wir da. Geht das einigermaßen hinten, oder ist es zu hart?»

«Ne, das geht schon. Dein Schal ist schön weich.» Stimmt zwar nicht ganz, aber ich könnte trotzdem ewig hinten auf seinem Fahrrad sitzen.

«O.K., wenn nicht kann ich meine Jacke darunterlegen», bietet Franz an.

An einer sternenklaren Nacht wie dieser könnte ich mich fast mit dem Winter anfreunden.

«Jetzt merke ich, dass ich schon ein paar Glühweine intus habe», sagt Franz.

«Solange du mich nicht wieder zu Boden bringst, ist alles O.K.»

«Keine Angst, das habe ich mir schwer vorgenommen.»

«Wie willst du denn später nach Hause kommen, wenn du jetzt schon leicht torkelst?»

«Ganz einfach. Du trinkst jetzt immer einen für mich mit.»

Oh nein. Nicht mit mir. Nachdem man mich mittlerweile unter dem Namen Swimmingpool-Rosie kennt, möchte ich nicht noch als die Starfish-Rosie berühmt werden. Des Weiteren will ich mich an alles, was heute Abend geschieht, erinnern können.

«Madame, darf ich bitten? Wir sind da.» Franz reicht mir die Hand und ich steige vom Gepäckträger. Wir gehen vor bis zum Eingang der Disko und kommen direkt rein.

«Das war eine gute Idee von dir schon vorher zu kommen. Es sind ja noch kaum Leute da.»

«Was bedeutet, dass wir die ganze Tanzfläche für uns haben. Das müssen wir nutzen, gleich wird es richtig voll!» Franz nimmt meine Hand und zieht mich in die Mitte der Tanzfläche. Alles klar. Dann mal ab die Post! Uuuuuuuund Moonwalk.

«Nicht schlecht, Rosie. Nicht schlecht. Aber kannst du den Moonwalk auch nach vorne?», will Franz wissen.

Ich wusste gar nicht, dass es den auch nach vorne gibt?

«Wow, nicht schlecht Franz, gar nicht schlecht.»

Und zack, packt er mich an meiner Hand und dreht mich mehrmals. Ich kann nicht mehr aufhören zu lachen. Mir wird ganz schwindelig. Und plötzlich ist er mir ganz nahe und tanzt Stirn an Stirn mit mir. Mein Herz bleibt für einen Moment stehen.

«Franz? Bist du es? Was machst du denn hier?» Wir drehen uns um.

«Franz! Du bist es wirklich! Hahaha! Komm in meine Arme!» Die etwas Größere der beiden Neuankömmlinge wirft sich Franz an den Hals. Die Zweite wendet sich an mich.

«Wir haben mit Franz Abi gemacht. Kaum zu glauben, dass wir jetzt alle in Aachen sind! Ist das nicht super? Da zieht man ins weite NRW, fängt ein neues Leben an, und dann so was!»

Hysterisches Lachen. Wäre ich nicht in der Disko, würde ich sagen, ich bekäme davon Tinnitus.

«Wirklich unfassbar!», entgegne ich. Total unfassbar. Ganze vier Stunden Autofahrt trennen die beiden Städte. Das ist wie von einem Ende der Welt ans andere zu fahren.» Entschuldigt mich bitte. Ich muss mal kurz für kleine Wirt.-Ings.»

«Warte, Rosie. Ich komme mit», bietet Franz an.» Gleich wird es richtig voll, dann wird es schwierig sich wiederzufinden.»

«Auf Toilette?», necke ich ihn.» Ich bin in zwei Sekunden zurück. Dauert nicht lange. Bleibt einfach wo ihr seid!»

Ich mache mich auf den Weg zur Toilette und bleibe vor dem Waschbecken stehen. Ein- und ausatmen. Was ist nur los mit mir? Ich erkenne mich gar nicht mehr wieder. Gefällt mir Franz etwa mehr, als ich zugeben möchte? Das kenne ich so alles nicht von mir. Die Gefühle haben mich gerade einfach überwältigt. Und einfach den Mädels das Feld überlassen? Nicht mit mir! Ich gehe da jetzt raus und hole ihn mir! Ich mache die Tür auf und will aus der Toilette schreiten, als ich meinen wahrgewordenen Albtraum vor mir sehe. Die ganze Disko ist auf einmal völlig überfüllt. Er hatte so was von recht. Jetzt ist es wirklich schwierig ihn wiederzufinden.

«Rosie. Meine Liebe. Die Maschinenbauer haben den ersten Platz gemacht. Du hast also nichts verpasst. Wir sind immerhin auf dem Zweiten gelandet. Wo hast du deinen heißen Cheerleader gelassen?» Fabian und Hao kommen mir entgegen.

«Ich weiß es nicht. Ich weiß es nicht», sage ich etwas verzweifelt.

«O.K., ganz ruhig. Wir finden ihn schon. Wo hast du ihn zum letzten Mal gesehen?»

«Da!» Mein Finger zeigt zielgerichtet auf die Tanzfläche, auf der mittlerweile hunderte Studenten stehen beziehungsweise tanzen.

«O.K., wenn das so ist», Hao legt seine Hand um meine Schulter, «besorgen wir dir erst mal einen Cocktail.» Was in Haos Worten bedeutet, dass die Suche aussichtslos ist.

«Du meinst nicht, dass ich ihn wiederfinde, stimmt's?»

«Hey, das habe ich so nicht gesagt. Ich denke nur, dass du erst mal einen Cocktail vertragen könntest.»

«Wo er recht hat, hat er recht.» Fabian schaut mich ermunternd an. Was wäre ich nur ohne die beiden? Vielleicht den ganzen Abend nüchtern.

Nach einem Cocktail sowie einer Tanzeinlage des Hao dem Großen, habe ich meine kurzzeitige Panikattacke komplett hinter mir gelassen und schwinge wieder mit den Hüften. Hao tanzt mit Sonnenbrille in der Disko und hat Bewegungen drauf, von denen John Travolta nur träumen kann. Auf einmal laufen die Bee Gees mit ‹You Should Be Dancing› und Hao legt so richtig einen drauf. Als ahnten die anderen, dass Haos Stunde geschlagen hat, wird die Tanzfläche für ihn frei. Ich kann nicht mehr vor Lachen. Wo hat er das gelernt? Unfassbar! Mein Bauch tut mir weh vor Lachen. Jetzt zieht er Fabian und mich auf die Tanzfläche und wir performen wie die unzertrennlichen Charlies Angels.

«Hao, ich habe ja nichts von deinen Tanzkünsten geahnt!», schmeichele ich ihm.

«John Travolta, baby! John Travolta! Ohne ihn wäre meine Jugend nichts wert gewesen.»

Hao umarmt Fabian und mich und wir tanzen im Kreis. Jetzt trauen sich auch langsam wieder die anderen auf die Tanzbühne.

«Leute, das war klasse!» Hao atmet schnell ein und aus.» Was für ein Abend! Jetzt bin ich erst mal fix und fertig.»

«Ich auch, was haltet ihr davon, wenn wir erst mal an die Bar gehen?», schlägt Fabian vor.

«Gute Idee. Nach der Show, die wir da abgelegt haben, brauchen wir erst mal eine Erfrischung», teile ich seine Meinung.

«Swimmingpool-Rosie, wir lieben dich!», ertönt es von irgendwo her.

«Was hat es eigentlich mit dieser Swimmingpool-Geschichte auf sich?», will Hao wissen.

Ich lege meine Arme um die Schultern der beiden Jungs.» Ich habe nicht die leiseste Ahnung, Hao. Nicht die leiseste Ahnung.»

# Die schlimmste Zeit des Semesters

«So, herzlich willkommen zu unserer Vorlesung der Höheren Mathematik 1. Letztes Mal haben wir damit begonnen, uns einige Informationen über komplexe Zahlen zu beschaffen und ich möchte das heute fortsetzen. Also, es gibt heute weitere Informationen über komplexe Zahlen. Dazu seien zunächst a, b, c und d reelle Zahlen. Wir ergänzen die Menge der reellen Zahlen durch eine weitere Zahl. Die sogenannte imaginäre Einheit, oder einfach i. Und i hat die Eigenschaft, dass i zum Quadrat gleich minus eins ist. Also hat man jetzt die reellen Zahlen durch ein Objekt ergänzt…»

«Sag mal Fabian?» Ich lege meinen Stift zur Seite und höre auf Notizen zu machen.

«Hmmmmh?» Fabian schaut mit seiner neuen modischen Brille ganz beschäftigt nach vorne zum Professor.

«Habe ich das soeben richtig verstanden, dass wir jetzt eine Zahl haben, die quadriert eine negative Zahl ergibt?»

Diesmal ein bejahendes ‹Hmmmmh›.

«Das zerstört soeben mein ganzes mathematisches Weltbild.» Kurzer, verstörter Blick zu mir, dann wieder konzentriert nach vorne.

«Und sag mal Fabian?»

«Hmh?»

«Meinst du das ist klausurrelevant?» Wieder kurzer Blick zu mir, dann wieder nach vorne. Ein nachdenkliches ‹Hmhhm-hmmmmm› als Antwort.

«Ich meine, ich habe mal nachgeschaut. Die Klausur ist in drei Wochen. Und eine Woche vorher ist noch Informatik 1, was bedeutet, dass ich in weniger als zwei Wochen Programmieren lernen muss. Und gleichzeitig, dass ich eigentlich auch keine drei Wochen Lernzeit für HöMa[7] habe, sondern effektiv nur eine Woche. Und dann frage ich mich, wie das gehen soll. Und ob ich nicht viel früher hätte lernen sollen. Oder anders, ob das Studium für mich nicht doch eine Nummer zu groß ist. Ich weiß doch, dass es mir nicht besonders liegt und ich eigentlich viel mehr als andere tun müsste. Und mit diesem Wissen hätte ich mich eigentlich schon viel früher hinter die Bücher setzen müssen.» Huch, das waren soeben mindestens 110 wpm[8].

Fabian blickt jetzt mit voller Aufmerksamkeit auf mich.

«Ja, und keine Ahnung. Das Ganze war vielleicht doch eine dumme Idee von mir nach Aachen zu gehen.» Kein Wort von Fabian.

«Lange Rede, kurzer Sinn: Ich habe Angst.» Wow, so ehrlich war ich lange nicht mehr, vor allem mir selbst gegenüber. Fabian atmet ruhig und tief ein. Seine Hand tastet sich langsam zu meiner.

«Rosie, hör mir zu. Erst einmal: Das Studium ist keine Nummer zu groß für dich. Wenn mein Bruder das hier geschafft hat, dann du erst recht. Zweitens: Wir stecken hier gemeinsam im Schlamassel. Du bist nicht allein. Wir kriegen das schon hin. Und drittens: Ich hab dich lieb.»

«Ooooh, ich dich auch.» Ich gebe Fabian ein Küsschen auf die Wange. So einfache Worte sind manchmal wie Balsam für die Seele. Er kriegt ganz rosige Wangen. Wie süß.

---

7   Höhere Mathematik
8   Wörter pro Minute

«Habe ich etwas verpasst?» Hao kommt wie immer etwas verspätet in die Vorlesung.

«Fabian hat mich gerade aufgebaut. Ich war gedanklich dabei die Flinte ins Korn zu werfen, bevor es überhaupt so richtig angefangen hat mit dem ganzen Stress.»

Hao haut auf den Tisch.» Mensch Rosie. Aufgeben ist nicht! Kennst du nicht den Spruch von Henry Ford? Es gibt mehr Leute, die kapitulieren, als solche, die scheitern. Wir haben das hier zusammen angefangen, wir werden das auch gemeinsam durchziehen. Lasst uns einen Pakt schließen.»

«Einen Pakt? Was für einen Pakt?», frage ich neugierig.

«Dass wir nicht gehen, bevor die RWTH uns eigenhändig rausschmeißt.»

«Das klingt gut. Müssen wir dafür nicht irgendwas machen? Auf Scherben treten oder so?»

«Warte, ich habe eine Idee.» Hao wühlt in seiner Jackentasche.» Da! Wir zerbrechen Glückskekse.»

«Wo hast du die denn her?»

«Ich war soeben bei meinem Onkel. Er hat ein chinesisches Restaurant hier in Aachen. Habe ich euch das nie erzählt?»

«Neeee, hast du nicht. Aber jetzt wissen wir, wo wir mal hingehen, wenn wir keine Lust mehr auf die Mensa oder Pontstraße haben.»

«Ja, ich versuche ja dauernd die ganzen Klischees von mir zu weisen, da kann ich nicht direkt mit meinem Onkel und seinem chinesischen Restaurant kommen. So, jetzt auf die Glückskekse hauen!»

Wir zerbrechen die Glückskekse und lesen einander jeweils unsere Sprüche vor.

«Ooooh, schaut mal was ich habe: Hoffnung ist wie der Zucker im Tee. Auch wenn sie klein ist, versüßt sie alles.» Genau wie Fabians Worte soeben, denke ich mir.» Fabian, was hast du?»

«Auch eine Reise von 1000 Meilen fängt mit dem ersten Schritt an.»

«Sehr weise Worte. Hao?»

«Gedenke der Quelle, wenn du trinkst. Das hätte ich mal vor der Starfishnacht ziehen sollen. Vielleicht hätte mich das vor einigen Dummheiten an dem Abend bewahrt.»

# 1, 2, 3 – Ich wünsche mir einen Lernplatz herbei

Eine der wichtigsten Fragen während der Klausurphase in Aachen muss wohl lauten: Wo ist noch ein Lernplatz frei? Nach ewigem hin und her zwischen Hauptbibliothek, Karman und Mogam machen Hao, Fabian und ich uns auf den Weg zum Audimax-Keller:

*9:20 Uhr – Sabine: Ihr sucht um diese Zeit einen Lernplatz??? Ja dann viel Glück :D*

*9:21 Uhr – Ich: Ja nicht erst seit jetzt, sondern schon seit 9:00 Uhr…*

*9:23 Uhr – Sabine: Ich war um 8:00 Uhr hier und habe gerade eben noch einen der letzten Plätze mit Falk hier im Audimax bekommen.*

*9:24 Uhr – Ich: 8:00 Uhr? Seid ihr verrückt? Was ist mit den Studenten von heute los? Um 8:00 Uhr drehe ich mich noch mal im Bett um…*

*9:25 Uhr – Sabine: Lol. Es lebe der Bologna-Prozess. Wenn was frei werden sollte, sage ich Bescheid.*

*9:25 Uhr – Ich: Danke :-)*

*9:54 Uhr – Sabine: Hier ist soeben ein Tisch frei geworden. Ich halte den kurz frei, dann können wir alle gemeinsam an einem Tisch lernen. Aber beeilt euch!*
*9:56 Uhr – Ich: Aaaaaaaaaaah, wir kommen!!!*

Im Audimax angekommen setzen wir uns zu Sabine und Falk. Ich fange an meine Lernutensilien auszukramen, als ich sehe, dass Hao stattdessen Müsli und Milch auf den Tisch stellt.

«Hao, was machst du da?», frage ich ihn verwundert.

«Wonach sieht es denn aus? Ich bereite mein Frühstück vor.»

Sabine fängt an zu lachen.» Das ist super. Wenn man es zu Hause nicht schafft zu frühstücken, warum dann nicht einfach hier?» Sie lächelt Hao an.

«Das ist hier ein Lernraum und keine Mensa», kommentiert Falk.

Meine Güte, dieser Falk hat irgendwie einen Stock im Allerwertesten. Der könnte mal eine Freundin vertragen. Bei der Frauenquote mache ich mir jedoch keine Hoffnung, dass sich an seiner Laune demnächst noch etwas ändern wird.

«Haha, wenn man in der Mensa die Plätze auch zum Lernen freimachen würde, wäre das vielleicht gar nicht so schlecht», entgegnet Fabian.

«Psssssssscht», kommt es von einem schlaksigen Brillenträger eines anderen Tisches.» Das ist hier ein Lernraum und nicht das Sat.1 Frühstücksplaudern.»

Holla die Waldfee. Wenn die Ingenieure lernen wollen, dann haben die ja auf einmal richtiges Selbstbewusstsein. So, womit fange ich jetzt an zu lernen? O.K., Höhere Mathematik. Das sieht irgendwie noch so am harmlosesten aus mit den Funktionen und so. Und die vollständige Induktion hat ja auch ein gewisses Schema.

«Kann mir einer sagen, woher ich weiß, wann ich den Sinussatz oder den Kosinussatz einsetzen muss?», fragt Sabine an uns gerichtet.

«Das habe ich auch noch nicht rausgefunden», meldet sich Falk zu Wort.» Ich bin jetzt aber mal alle HöMa-Klausuren aus den letzten Jahren durchgegangen und habe gezählt, dass im Zweifelsfall der Sinussatz der am häufigsten angewandte Satz ist. Der kam immerhin in 80 Prozent der Lösungen vor.»

Das ist ja ein ganz schlauer, dieser Falk. Hm, mit welcher Aufgabe fange ich an? Ich kann mich irgendwie nicht so richtig konzentrieren. Huch, eine Pop-Up Nachricht auf studiVZ. Wer kann das sein? Oh nein. Schon wieder dieser Hans Peter. Was will er von mir? In seiner Nachricht steht, dass er mich sieht und geradeaus vor mir am Tisch sitzt. Ich schaue hoch über meinen Laptop. Tatsächlich, da sitzt er und winkt mir zu. Plopp. Nächste Nachricht. Er hat mir einen Programmcode geschickt? Er will, dass ich ihn ins Programm C++ reinkopiere und ausführe. Ich schaue wieder über meinen Laptop zu ihm herüber. Er grinst und hält den Daumen hoch. Herrje, was für ein Psycho. Aber irgendwie bin ich doch neugierig und kopiere den Code ins Programm hinein. Wo ist denn der Ausführungsbutton? Ach ja, da. Jetzt öffnet sich dieses schwarze Fenster am PC-Bildschirm, vor dem ich vorher immer so viel Respekt hatte.

*Hallo Rosie, wie schön, dass ich dich hier sehe. Geht es dir gut?*

Ich tippe ‹ja› als Antwort ein.

*Das freut mich. Hattest du auch solche Schwierigkeiten, einen Lernplatz zu finden?*

Ich glaube es nicht, er hat tatsächlich eine Konversation mit mir programmiert. Ich tippe wieder ‹ja› als Antwort ein.

*Ich kann dir nächstes Mal einen Platz freihalten, wenn du kommst. Ich komme immer schon etwas früher. Was ich dich jedoch eigentlich fragen wollte: Gehen wir nachher einen Kaffee trinken?*

Ich tippe diesmal als Antwort ‹nein› ein.

*Gehen wir nachher einen Kaffee trinken?*

Hä? Was ist da los? Ich gebe wieder ‹nein› ein.

*Gehen wir nachher einen Kaffee trinken?*

Nein.

*Gehen wir nachher einen Kaffee trinken?*

Nein!

*Gehen wir nachher einen Kaffee trinken?*


O.K., irgendwas läuft da nicht richtig. Ich gucke mir den Quellcode, den ich soeben hineinkopieren sollte, genauer an. Ah, da haben wir's. Besagter Hans Peter hat eine Endlosschleife eingebaut, aus der ich nur herauskomme, wenn ich das Wort ‹ja› eintippe. Ganz schön raffiniert.

«Ich hoffe, deine Antwort war direkt ein ja, damit hättest du dir einiges an Tippen erspart.»

Ich schrecke hoch. Hans Peter steht vor mir und verlangt im nicht-virtuellen Leben eine Antwort von mir.

«Ähm, vielleicht später.» Was Besseres fällt mir spontan nicht ein.

«O.K., cool.» Er setzt sich wieder an seinen Platz und gibt mir mit seinen Zeige- und Mittelfingern, die er an seine Augen hält, zu verstehen, dass er mich beobachtet.

«Ha! Was war das denn für eine Nummer?» Fabian sieht sichtlich amüsiert aus. Ich zucke nur mit den Schultern und versuche mich wieder aufs Lernen zu konzentrieren.

«Vorsicht, da kommen die Backstreet Boys.» Hao deutet auf eine Gruppe von fünf männlichen Kommilitonen, die an unserem Lerntisch vorbeilaufen.

«Wieso die Backstreet Boys?», fragt Sabine neugierig.

«Das ist so ein Spiel zwischen uns, das beim Lernen entstanden ist», erkläre ich ihr.» Immer wenn eine Gruppe mehrerer Studenten an unserem Lerntisch vorbeigeht, geben wir ihnen, je nach Anzahl und Geschlecht, Bandnamen. Der erste, dem ein passender Bandname einfällt, hat gewonnen. In dem Fall jetzt die Backstreet Boys, da fünf Kerle an uns vorbeigelaufen sind. Mittlerweile haben wir glaube ich alle Boygroups der 90er Jahre aufgezählt.»

«Einmal sind uns sogar die Spice Girls entgegen gekommen», wirft Hao ein.

«Ja, aber das war in der Bibliothek der Germanisten. Da wurden wir nach 15 Minuten rausgeworfen», erkläre ich.

«Warum wurdet ihr rausgeworfen?», will Sabine wissen.

«Weil man als Ingenieur dort nicht lernen darf», erkläre ich ihr.» Sonst ist das wie bei den Mediziner-Partys, wo auf einmal nur noch Ingenieure sind.»

# Alles hat ein Ende nur die Wurst hat zwei

L2P, Uni.ist.hirnlos, Dynexite, Übungsblätter, Formelblätter. Nach drei Monaten des Leidens befinden Hao, Fabian, Sabine und ich uns nun vor dem großen Hörsaal des Audimax und schreiben gleich unsere letzte Klausur des Semesters. Auch die schlimmste Phase des Semesters geht mal zu Ende.

«Siehst du, Rosie. Am Ende ist das Semester für dich doch gar nicht so schlecht gelaufen, wie du befürchtet hattest. Du hast bis jetzt alles außer E-Technik 1 und HöMa1 bestanden.» Ich liebe Fabian für seine aufbauende Art.

«Die beiden Module gehören ja auch nur zu den schwierigsten des Semesters.» Ich hasse Falk für seine Arroganz. Warum kommt er eigentlich immer aus dem Nichts und gesellt sich zu uns?

«Ich habe HöMa1 auch nicht bestanden», versucht Hao mich zu trösten.

«Man muss auf die Klausuren schauen, die man bestanden hat», entgegne ich. Falks Arroganz bringt mich auf die Palme.

«Ach komm, Rosie. Du hast die anderen Klausuren doch nur bestanden, weil du ein Mädchen bist.» Falk zwinkert.

«Bitte was? Bist du betrunken? Die Klausuren werden alle anonym korrigiert und ich bin genauso nur eine Matrikelnummer wie du.» Ich rase vor Wut. Falk hat merklich Angst, dass die kleinen Blutäderchen in meinen Augen aufplatzen und wird ganz ruhig.» Jetzt hast du nichts mehr zu sagen?», fordere ich ihn heraus.

Falk schweigt weiter.

«Rosie, lass mal vom Falk ab. Der fängt gleich an zu weinen», kommentiert Hao mit einem Lächeln. Alle im Kreis lachen.

«Hey, ich habe eine Idee.» Haos Augen leuchten.» Lass uns irgendetwas Verrücktes machen, wenn wir HöMa1 bestehen.»

«So was wie nackt durch die Gegend laufen?», frage ich.

«Haha, ja so ähnlich. Wenn die Klausurergebnisse rauskommen, ruft Fabian uns mit einem mysteriösen Satz an und wir müssen alle unsere Ergebnisse gleichzeitig nachschauen und im Falle des Bestehens direkt aus dem Haus laufen.»

«Das klingt witzig! Wir laufen dann sofort zum SuperC und der letzte, der ankommt, muss einen ausgeben!»

«Darf ich mitmachen?», will Sabine wissen.

Hao grinst sie an: «Du darfst immer mitmachen, Sabine.» Sabine wird leicht rosa. Läuft da etwa was?

«Der Mond ist aufgegangen», sagt Fabian plötzlich.

«Was?»

«Das ist der mysteriöse Satz», grinst Fabian.

So, es geht los. Die Tür zum Hörsaal öffnet sich. Das Schöne an BWL-Klausuren ist, dass sie jeweils nur für eine Stunde angesetzt sind. In einer Stunde kann man ja nicht viel falsch machen.

«Hey, ich bin 21355. Du kannst mir folgen.»

Ich drehe mich zur Seite.» Bitte was ?»

«Sorry, ich wollte nur sagen, dass wir dort hinten sitzen. 21355 ist meine Matrikelnummer. Wir saßen ja in den letzten Klausuren immer nebeneinander. Dann kannst du dir die lästige Suche nach deinem Sitzplatz sparen.»

«Ach so, O.K. Dann folge ich dir mal, danke.» Stimmt, er war mir schon bei der letzten Klausur aufgefallen.

«Und 21355: Hast du auch einen Namen?», beginne ich zu flirten.

«Ja klar, ich bin Rafael. Und du?»

«Rosie.» Gar nicht mal so übel dieser Rafael. Ich spüre ein Tippen auf meiner linken Schulter. Es ist Fabian.

«Rosie, erinnerst du dich noch an die Regeln, von denen ich dir ganz am Anfang des Semesters erzählt hatte?»

Ach, das schon wieder.» Ja, Fabian», erwidere ich betont uninteressiert.

«Regel Nummer drei lautet übrigens: Fange nie etwas mit deinem Matrikelnachbarn an.»

# 4. Semester

# Auf der Suche nach Östrogen

Jetzt ist es tatsächlich so weit gekommen. Es ist das eingetroffen, wovor mich meine Freunde gewarnt haben, als ich angefangen habe in Aachen zu studieren. Ich ekele mich vor mir selbst. Schau dich doch an, Rosie. Jetzt siehst du mittlerweile aus wie ein 08/15-Ingenieur bzw. E-Techniker aus Aachen: Lange Haare. Figur unbetonte Klamotten. Kein Make-Up. Hauptsache bequem. Man wird als Frau in Aachen sowieso immer angemacht. Oder besser: Frau wird als Frau in Aachen sowieso immer angemacht. Nachdem ich das ganze dritte Semester fast nur hinter Büchern verbracht habe, ist mein Äußeres irgendwie zu kurz gekommen: Jeden Morgen um 8 Uhr einen Lernplatz ergattern. Da bleibt doch keine Zeit für intensives Schminken. Lieber 10 Minuten länger im Bett bleiben… aber genauso kommt es dann zu diesem Dilemma: Ich fühle mich wie ein Mann. Nicht nur, dass ich jetzt so aussehe. Ich fange auch schon so an zu denken wie einer: Ich sage direkt, was ich denke. Wenn ich rede, konzentriere ich mich auf die Informationen, die ich übermitteln möchte und lasse das ganze Drumherum weg. Ich telefoniere nicht gerne. Ich bin nicht nachtragend. Ich lasse mich weniger von Emotionen, sondern von Fakten leiten und trinke Bier. STOPP! So kann es nicht weitergehen. Ich will meine Weiblichkeit zurück!!! Aber wie? Ganz ruhig, Rosie. Du musst jetzt analytisch denken. Für jedes Problem gibt es mindestens eine Lösung. Das Problem habe ich bereits erfasst, jetzt geht es darum, die einzelnen Komponenten und Aspekte in ein Gesamtkonzept zusammenzufügen, um aus diesem heraus die Lösung des Problems herzuleiten. Wir haben hier einen komplizierten Sachverhalt, den ich zwar nicht wie in einer mathematischen Aufgabe mithilfe einer Formel gliedern kann, um ihn überschaubar zu machen. Aber ich weiß, dass ich den Blick aufs Wesentliche nicht verlieren darf. Aus einer Fülle von möglichen Lösungen muss ich die Informationen herausfiltern, die genau für das vorliegende Problem gültig sind. Konzentration. Was sind die relevanten Details? Vor Aachen: Frau. Nach Aachen: Mann. Problem also seitdem. Was war vorher und nachher anders? Analyse Gesamtkontext Vorher-Nachher. Vorher: Gleichverteilung Frau und Mann. Nachher: Ungleichverteilung Frau und Mann. Und da wird es mir plötzlich klar... In diesem Moment fühle ich mich, als ob der Strom in meinen Neuronen beschließt den Weg des geringsten Widerstandes zu nehmen: Ich bin vermännlicht, da der Einflussfaktor Mann in meinem Leben überhandgenommen hat. Um dies zu ändern, muss ich also das verlorene Gleichgewicht wiederherstellen. Das ist die Lösung des Problems! Ich muss den Weiblichkeitsfaktor erhöhen. Das heißt ich brauche weibliche Freunde! O.K., Rosie. Problem analysiert und Lösung gefunden. Aber wie finde ich jetzt Freundinnen? Hierzu brauche ich dann doch den Rat meiner männlichen Freunde, sonst komme ich hier nicht weiter. Und da fällt mir natürlich niemand Besseres ein, als Hao der Große. Klar! Wer außer Hao weiß denn sonst, wo sich die ganzen versteckten Frauen in Aachen aufhalten? Nach 1,5 Jahren Aachen-Erfahrung hat er doch bestimmt die ganzen Insidertipps, und ich erhöhe nicht unnötig die Störgröße Zeit!

«Dein Plan klingt plausibel.» So eine Reaktion hatte ich mir von Hao erhofft.» Und wie kann ich dir jetzt weiterhelfen?»

«Ich dachte mir, dass dein Wissen über die Ortung von Frauen in Aachen doch genauso für mich als Frau anwendbar sein müsste?»

«Hm, da sagst du was. Wobei du übersiehst, dass ich immer noch keine Freundin in Aachen habe. So wirklich erfolgreich scheine ich ja dann doch nicht zu sein.»

«Ja, weil du ja auch nie eine Frau halten wolltest. Dafür liebst du dein Single-Leben zu sehr! Du hattest aber immerhin viele erfolgreiche Nächte, oder nicht?»

Hao grinst.» Ja, da hast du nicht ganz unrecht. O.K., überzeugt, ich helfe dir! Und weißt du was? Ich mache auch gleich mit. So langsam bin ich das Singleleben in Aachen nämlich doch etwas leid. Wenn ich schon auf männerüberfüllte Partys gehe, dann das nächste Mal lieber mit Freundin.»

«Super! Womit fangen wir an?»

«Am besten mit einer Liste.» Hao nimmt Papier und Stift in die Hand.» Gib mir fünf Minuten. Ich erarbeite uns eine geniale Strategie. Ich verspreche dir, dass wir bis spätestens Ende dieses Semesters beide eine Freundin haben.»

Keine fünf Minuten und sieben zerknüllte Papierseiten später, steht Haos teuflischer Plan. Er legt mir seine durchdachte Liste vor die Nase:

1) Auf eine Germanistikparty gehen
2) Einmal Speed-Dating ausprobieren
3) Ein WG-Casting durchführen
4) Bei rudirockt mitmachen
5) Zum Kontakthüpfen gehen
6) Einen Yoga-Kurs machen
7) Eine Suche auf dem Schwarzen Brett starten

«Was sagst du?» Hao schaut mich erwartungsvoll an.

«Hm. Der erste Punkt klingt schon mal nicht schlecht. Könnten wir ihn nur gegen eine Architektenparty austauschen? Die Frauenquote ist dort auch ganz gut. Ich denke, dass Germanistinnen für den Anfang ein zu hoher Kulturschock sein könnten.»

«O.K., alles klar. Germanistikparty wird durch Architektenparty ersetzt. Was sagst du zum zweiten Punkt?»

«Speed-Daten? Ich weiß nicht. Mag für dich vielleicht Sinn machen, aber ich komme da doch gar nicht in Kontakt mit Frauen?»

«Oh doch! Pass auf, das Ganze läuft so: Du redest jeweils 2 Minuten mit jedem Mann und danach lästerst du mit den Mädels über den arroganten Tim oder den langweiligen Norbert. Und schwärmst am Ende mit ihnen über den gutaussehenden Hao. Alles klar?»

«Hey, das ist genial! Das könnte klappen. Dann darf das aber nicht vom AStA organisiert sein. Ich habe gehört, dass da teilweise 11 Männer auf 2 Frauen treffen.»

«Ne, keine Angst. Es gibt noch ein paar professionell organisierte Events neben dem AStA, zum Beispiel im Besitos. Wir werden da schon was finden.»

«Gut. Was ist mit dem nächsten Punkt? Ein WG-Casting führen? Was hat es damit auf sich?»

«Folgendes: Du schreibst einen Artikel auf WG-Gesucht, dass du eine neue weibliche Mitbewohnerin für deine WG brauchst. Bei dem Wohnungsmarkt hier bekommst du direkt zig Mädels, die dich anschreiben. Du hast doch im zweiten Semester gesehen wie schwierig es ist etwas in Aachen zu finden, als du aus der Verbindung ausgezogen bist. Und dann die elendigen WG-Castings, bei denen du dich beweisen musstest. Jetzt kannst du dir einen Spaß daraus erlauben und dazu noch eine Freundin finden.»

«Hm, ich weiß ja nicht. Und wenn ich jemanden finde, den ich mag? Wie soll ich ihr dann erklären, dass in meiner WG gar kein Zimmer frei ist?»

«Du könntest ja sagen, dass ihr das Zimmer in der WG anderweitig vergeben habt, du sie aber sehr nett fändest. Oder du sagst ihr die Wahrheit.»

«Hm. Ich bin noch nicht ganz überzeugt. Das Gute daran ist jedoch, dass ich eine Personenbeschreibung anfordern könnte. Wenn mir dann ein Mädchen gefällt, könnte ich sie einladen. Es müssten ja nicht viele sein, nur so ein oder zwei.»

«Ja genau. Und bitte auch mit Foto, ich will ja auch was davon haben», zwinkert Hao mich an.

«Abgemacht. O.K., nächster Punkt. rudirockt, was war das noch mal?»

«Das ist vergleichbar mit dem perfekten Dinner aus dem Fernsehen. Meine Mum guckt das immer. Wir würden uns zu zweit dort anmelden und gemeinsam ein Gericht zugewiesen bekommen: Vorspeise, Hauptspeise oder Dessert. Bei der Vorspeise würden wir zum Beispiel als erste Gruppe etwas vorbereiten und die Leute kämen für den ersten Gang zu einem von uns ins Haus. Zur Hauptspeise müssten wir wieder zu einer anderen

Gruppe gehen und so weiter. Das Ganze ist so geplant, dass wir bei jedem Essen neue Leute kennenlernen.»

«Das ist klasse!»

«Yeah. Der nächste Punkt wäre das Kontakthüpfen.»

«Och ne, da habe ich mich vier Semester schon stolz vor gedrückt.»

«Dann hast du vier Semester lang etwas verpasst. Mir hat das vor allem während der Klausurphasen immer die wichtige, letzte Motivation gegeben. Und außerdem gibt es nichts Schöneres als sexy, kleinen Medizinerinnen in ihren Leggings beim Laufen und Springen zuzusehen.»

«Sorry, aber das ist jetzt wirklich kein richtiges Argument», sage ich, die Augen verdrehend.

«Dann tu es mir zu liebe. Und du tust dafür nebenbei was für deinen Körper.»

«O.K., geht klar. Weiter. Einen Yoga-Kurs machen. Finde ich klasse! Da sind bestimmt ziemlich viele Frauen, die sehr gelassen sind. Und während des Meditierens findet man bestimmt Zeit mal eben mit seiner Yoga-Nachbarin eine Plauderei anzufangen. Dann sind wir schon fast durch. Letzter Punkt: Eine Suche auf dem Schwarzen Brett starten. Bitte was?»

«Ja, davon bin ich auch nicht wirklich überzeugt. Das ist nur für den Fall, dass alle Stricke reißen. Ich denke nicht, dass es soweit kommen wird. Aber wenn die ganzen Punkte vorher nichts gebracht haben sollten, kannst du ja immer noch einen Aushang am Schwarzen Brett mit deiner Handynummer machen.»

«Das klingt richtig furchtbar. Beten wir, dass ich nicht so weit sinke.»

# Man schreite zur Tat

Architektenparty im Apollo. Ich bin etwas verwundert: Bisher dachte ich immer, dass Architekten nur zu Hause bleiben und basteln. Die Party ist zugegeben jedoch ganz cool. Es haben sich zwar auch einige Ingenieure daruntergemischt, aber es gibt auch ein paar Frauen. Verdammt. Warum sehen Architektinnen eigentlich immer so gut aus? Da kann man beziehungsweise Frau kaum mithalten. Ich schaue mich ein wenig um und sehe, wie Hao bereits erfolgreich mit einer Architektin am Flirten ist. Huch, da hinten ist ein Mädchen, das mich anlächelt. Bingo. Ist doch gar nicht so schwer. Fabian bemerkt dies und zieht mich an sich ran.

«Möchtest du heute Nacht meine Wirting Woman sein?», fragt er.

«Was?»

Im zweiten Semester haben Fabian und ich uns daraus immer einen Spaß gemacht: Die Mädchen sind immer direkt verschwunden, wenn er sie angesprochen hat. Aus diesem Grund habe ich mich irgendwann als Wing Woman ausgegeben und bin für ihn zu den Mädels gegangen, um ihnen allerlei zu erzählen: Dass er mein Bruder sei und seine Freundin gerade mit ihm Schluss gemacht habe, er eigentlich gar nicht feiern gehen wollte et cetera. Hat jedenfalls funktioniert und es gab des Öfteren mal ein Happy End für ihn an dem Abend. Jedenfalls bin ich seither nicht mehr seine Wing Woman, sondern Wirting Woman, da Abkürzung von Wirtschaftsingenieurin. Haha. Sehr lustig.

«Fabian, heute soll doch mein Abend sein. Da gebe ich nicht für dich die Wirting Woman.»

«Rosie, überleg doch mal: Du gehst dort hinten zu dem Mädel, dass dich angelächelt hat und erzählst ihr, dass ich mich nicht traue, sie anzusprechen. Dadurch kommst du mit ihr ins Gespräch und ihr vergesst mich einfach.»

«Raffiniert, raffiniert, Fabian. Alles klar, mache ich.» Ich nehme einen kräftigen Schluck Gin Tonic aus seinem Glas und begebe mich auf den Weg zu dem Mädel. Mein Herz fängt an zu pochen. Jetzt weiß ich richtig, wie sich so ein armer Ingenieur in Aachen fühlen muss, kurz bevor er ein Mädchen in der Disko anspricht.

«Hi», versuche ich es mal ganz simpel.

«Hallo», antwortet das Mädchen freundlich.

«Ich bin Rosie und das da hinten ist Fabian. Er ist echt ein toller Typ, nur leider etwas schüchtern. Er hat mich jetzt nicht geschickt, aber ich weiß, dass du ihm gefällst und da wollte ich einfach mal ein wenig nachhelfen.»

«Das ist süß von dir. Er sieht sympathisch aus, nur leider ist dein Freund nicht mein Typ.»

«Oh.» Mist. Was mache ich denn jetzt, um das Gespräch trotzdem aufrecht zu erhalten? In dem Moment kommen zwei Freundinnen des Mädchens auf sie zu und geben ihr einen Cocktail in die Hand.

«Ich bin übrigens Miriam. Das sind Sarah und Kathi», stellt das nette Mädchen sich und ihre Freundinnen vor.

«Freut uns dich kennenzulernen, Rosie. Bist du allein auf der Party?», fragt Julia.

«Ne, ich bin mit zwei Freunden hier. Und ihr seid zu dritt?»

«Ja genau, Mädelsabend!», entgegnet Sarah.

«Oh wie schön. Das habe ich schon lange nicht mehr gemacht. Ist ein wenig schwer hier in Aachen mit den ganzen Männern.»

«Ach du Arme, hast du denn keine Freundinnen?», will Kathi wissen.

Das läuft ja wie am Schnürchen! Die drei sind super nett und Fabian ist schon lange kein Gesprächsthema mehr.

«Ne, leider nicht. Sagt mal, hättet ihr nicht Lust mal öfter mit mir feiern zu gehen? Darüber würde ich mich sehr freuen.»

«Ohhhhh, das wäre wirklich schön, Rosie.» Ja, ja, ja!!! Direkt ein Volltreffer! War doch gar nicht so schwer.

«Das Problem ist nur, das wir nicht aus Aachen kommen», entgegnet Miriam.

«Was?», frage ich und kann meine Enttäuschung kaum verbergen.

«Ja, wir kommen aus Köln. Wir sind nur zum Selbstbewusstsein-Boostern hier.»

«Zum was?»

«Zum Selbstbewusstsein-Boostern. Sarah wurde gestern von ihrem Freund verlassen. Er meinte, sie sei nicht hübsch genug. Da sind wir kurzerhand nach Aachen gefahren, um ihr Selbstbewusstsein wieder zu stärken. So etwas wäre in Aachen ja nie passiert!» Miriam trinkt einen Schluck ihres Cocktails.

«Hör zu. Wir geben dir aber trotzdem mal unsere Nummer. Wenn wir mal wieder zum Boostern in Aachen sind, sagen wir Bescheid.»

O.K., besser als gar nichts. Die Mädels schreiben mir ihre Nummern auf und ich gehe wieder zu Fabian.

«Und? Wie lief's? Ich habe gesehen, dass sie dir ihre Nummern gegeben haben.»

«Ja eigentlich nicht so schlecht, aber die drei sind aus Köln.»

«Ach, Booster-Girls? Das habe ich mir schon fast gedacht. Sie passten irgendwie nicht ins Bild.»

Was? Bin ich die Einzige auf Erden, die noch nichts von Boostern gehört hat?

«Ach du, jetzt schau doch nicht so traurig. Köln ist doch auch nicht so weit weg. Und sie kommen doch bestimmt öfter nach Aachen.»

«Na, wenn das mit meiner Mission ‹Freundin-in-Aachen-finden› so weitergeht, muss ich bald zum Freundinnen-Boostern nach Münster oder Heidelberg fahren.[9]»

*

16 Uhr im Besitos. Ich sitze vor Hao und schlürfe mein Bier.

«Und? So auf den ersten Blick? Hast du schon jemand gesichtet, der dir gefällt?», frage ich ihn.

«Die kleine mit der Stupsnase ist ganz süß», entgegnet er.

«Ja, die finde ich auch nicht schlecht. Mit der könnten wir beide glücklich werden.»

«Uuuuuuuuuuuuuuuuund STOPP!!!» Hilfe, die Moderatorin vom Speed-Dating kann einem ja ganz schön Angst machen.» Bitte die Frauen einen Stuhl weiterrücken zum nächsten Date.»

Zack.

«Hi, ich bin Thorsten und wer bist du, schöne Frau?»

«Rosie.»

---

9    Dort sind bekanntlich viel mehr Frauen vorhanden. ;)

«Und was hat eine so hübsche Frau wie du hier bei einem Speed-Date verloren? Du hast es doch bestimmt nicht nötig, hier einen Kerl zu suchen.»

«Ne, habe ich auch nicht. Ich bin auf der Suche nach einer Frau.» Thorsten schaut mich entsetzt an.» Was?»

«Uuuuuuuuuuuuuuuund STOPP!!! Die Frauen bitte weiter-rücken.» Na wenn das so schnell weitergeht, kommt ja nie ein richtiges Gespräch zustande. Aber egal, deshalb bin ich ja auch nicht hier.

Zack. Weiter.

«Hi, ich bin Gerhard, und wie heißt du?»

«Chantal.» Sorry, aber ich kann die Situation gerade nicht ernst nehmen. Außerdem muss ich sichergehen, dass die Män-ner mich danach nicht auf studiVZ oder Facebook finden kön-nen. Sie müssen auch am Ende nur unsere Nummer ankreuzen und keine Namen. Dann fliegt es also nicht auf, wenn ich ein-fach mal einen falschen Namen nenne.

«Chantal. Schöner Name.» Ist das sein Ernst?» Hast du Hob-bies, Chantal?»

«Ne, habe ich nicht. Ich lerne von morgens bis abends nur für die Uni.»

«Ah!» Gerhard fängt an zu lächeln.» So geht es mir auch. Des-halb habe ich mich auch hier angemeldet. Sonst lernt man ja nie Leute kennen.» Kein Kommentar.

«Uuuuuuuuuuund STOPP!!!» Gott sei Dank. Ich dachte schon, sie würde nie Stopp sagen.

Zack. Und nächster.

«Hey, ich bin Simon. Freut mich.»

«Hannelore, freut mich. Lass mich raten: Maschinenbauer?»

«Ja! Woher weißt du das?»

«Ganz einfach. Gefühlte 80 Prozent aller Männer in Aachen studieren Maschinenbau plus du trägst ein Karohemd.»

«Sehr clever. Was machst du?»

«Germanistik und Pädagogik auf Lehramt.»

«Wie erfrischend. Das ist bestimmt interessant.» Genauso interessant wie diese Unterhaltung hier.

«Uuuuuuuuuuuuuund STOPP!!!!!!!»

Na endlich! Und weiter. Ist ja lustig so eine Dating-Runde. Man erzählt irgendeinen Schwachsinn und macht sich direkt wieder aus dem Staub.

«Na sieh mal einer an! Wen haben wir denn da? Swimmingpool-Rosie!»

«Entschuldigung? Kennen wir uns?»

«Ich bin Max. Wir haben uns damals auf der Verbindungsparty im ersten Semester kurz unterhalten. Ich habe dir danach auch geschrieben und wollte mit dir einen Kaffee trinken, aber du hast geantwortet, du littest unter Koffeinintoleranz.»

Jetzt rattert es langsam bei mir. Ups.

«Du bist nicht wirklich Koffeinintolerant, oder?», hakt Max nach.

«Ne, sorry.» Ich werde leicht rot.

«Kein Problem. Du kannst es wieder gut machen, indem du nach diesem Zirkus hier mit mir einen Kaffee trinken gehst. So ganz ohne Stoppuhr.»

«O.K., aber unter einer Bedingung. Du erzählst mir, was ich an diesem Abend Peinliches gemacht habe. Ich kann mich nämlich an nichts mehr erinnern.» Das ist meine Chance endlich herauszufinden, was an dem Abend eigentlich wirklich passiert ist.

«Du hattest einen Black-Out? Ja gut, eigentlich bei der Darbietung kein Wunder, dass da etwas mehr Alkohol im Spiel war als üblich. Alles klar, ich erzähle dir alles bis auf das letzte Detail.» Seine Augen funkeln.

«Klasse!»

«Uuuuuuuuuuuuuuund STOPP!!!!!!!!» Holla die Waldfee. Sie wird ja immer lauter.

Sechs Speed-Dates und acht Schlucke Bier später habe ich es endlich hinter mir.

«Und, hast du wen Interessantes kennengelernt?», will Hao wissen.

«Ne, nicht wirklich, aber mein interessanter Teil kommt ja auch noch. Ich habe jedoch einen gewissen Max getroffen, der mich endlich über die Swimming-Pool-Nacht aufklären kann. Und wie sieht es bei dir aus?»

«Das ist ja stark! Ja, die mit der Stupsnase ist in der Tat ganz nett. Tanja heißt sie. An die solltest du dich auch ranhalten. Die anderen Mädels waren irgendwie seltsam. Die eine war Informatikerin und ist so einen Fragebogen mit 20 Ja-Nein-Fragen mit mir durchgegangen. Ich hatte noch nicht mal Zeit über die Antworten nachzudenken. Jetzt wertet sie die bestimmt gerade aus.»

Die Stopp-Frau ergreift das Wort.

«So, meine Lieben. Jetzt würde ich Sie bitten, dass die Männer sich hier zu mir begeben und die Frauen zu meinem Kollegen dort vorne. Wir geben Ihnen Zettel und Stift und Sie füllen sie bitte mit den Nummern aus, die Ihnen am besten gefallen haben. Und denken Sie daran: Höchstens drei Kreuze!»

«Dann mal los, Rosie.» Hao zwinkert mir aufmunternd zu.

Los geht's! Auf in die Mädelsgruppe. Ich setze mich direkt zu besagter Stupsnasenfrau Tanja.

«Hi», beginne ich.

«Hi», antwortet sie.

«Und, jemand Interessantes für dich dabei gewesen?», versuche ich die krampfhafte Konversation aufrecht zu erhalten.

«Der Gerhard war ganz nett, finde ich.»

«Gerhard? Der ist doch voll der Stubenhocker und sitzt nur hinter seinen Büchern?»

«Wen findest du denn gut?», fragt sie mich.

«Den Hao. Der ist super charmant und witzig, findest du nicht?» Ein bisschen Werbung für Hao kann bestimmt nicht schaden.

«Ne, ehrlich gesagt nicht. Der hält sich für den Tollsten und liebt John Travolta. Das ist so 60er.»

«Hao ist ja auch einer der Tollsten», merke ich an.

«Ach komm. Schau ihn dir doch an. Und witzig ist er auch nicht. Ich habe die ganze Zeit gehofft, dass die Stopp-Frau endlich ihr Okay zum Weiterziehen gibt.»

«Wenn du ihn nicht witzig findest, kann ich dir auch nicht helfen. Dann hast du vielleicht einfach keinen Humor.» So, jetzt habe ich es ihr aber gezeigt.

«Tsss. Und du denkst, du könntest das beurteilen, ja? Dann gib ihm doch ein Kreuz auf deiner Liste, wenn du ihn so toll findest.»

«Oh ja, das werde ich auch!» Ich nehme einen Stift in die Hand und zeichne demonstrativ ein Kreuz in das Kästchen, das für den Mann mit der Nummer drei alias Hao steht. Daraufhin stehe ich auf und gehe zu Hao.

«Hao, lass uns gehen. Wir haben hier nichts mehr verloren.»

«Was? Wieso? Ich habe meine Kreuze noch nicht verteilt. Und was ist mit der Auflösung deiner Swimmingpool-Geschichte?»

«Die Mädels hier sind weit eine Liga unter dir, glaub mir.»

Ich begebe mich Richtung Tür, gefolgt von einem verwirrten Hao. An der Tür drehe ich mich noch mal kurz um und wende mich ein letztes Mal an Stupsnasenfrau.

«Vive John Travolta!»

*

17 Uhr in meiner Küche. Vor uns unser erstes WG-Casting-Opfer.

«Also, Yvonne. Wie sieht so dein Tagesablauf aus?» Hao und ich haben uns einige raffinierte Casting-Fragen überlegt, die uns mehr über den Charakter der Befragten verraten sollen.

«Ja, also ich stehe um 7 Uhr auf, dann dusche ich erst Mal eine halbe Stunde.»

«Eine halbe Stunde?» Hao scheint fassungslos.

«Ist das nicht gut?» Yvonne scheint irritiert.

«Nein, nein, Yvonne. Alles gut. Ich bewege mich sowieso nicht in diesen morgendlichen Sphären. Da könntest du auch zwei Stunden duschen, ich würde es gar nicht merken.»

Und außerdem ziehst du sowieso nicht bei uns ein, weil bei uns kein Zimmer frei ist, denke ich mir.

«Wie sollte die Person sein, mit der du gerne zusammenleben möchtest?» Jetzt wird es interessant für Hao und mich.

«Auf jeden Fall sehr ordentlich und ruhig. Da ich ein Morgenmensch bin, gehe ich gerne früh schlafen und habe einen geregelten Alltag.» Autsch, sie ist so was von raus. Haos Mimik nach zu urteilen ist auch er meiner Meinung.

«Wo kann man dich treffen, wenn du nicht zu Hause bist?», fragt Hao.

«Wenn ich nicht zu Hause bin und lerne, bin ich an der Uni und lerne.» Disch.

«Wie läufst du zu Hause rum, wenn du nicht raus musst?», will Hao weiter wissen. Das war aber nicht in unserem Fragenkatalog?

«Ach, so eher gemütlich, in Jogginghose und T-Shirt.»

«O.K., Yvonne. Wir melden uns dann bei dir. Danke für deine Zeit.» Hao scheint seine Zeit nicht unnötig verlieren zu wollen. Und zack, raus mit ihr. Da taucht auch schon die nächste Kandidatin auf.

«Hi, ich bin Christine.»

«Hi, Christine. Nimm doch bitte Platz.» Ich zeige auf den Küchenstuhl.

«Christine», beginnt Hao das Verhör.» Wir werden dir jetzt ein paar Fragen stellen, um dich besser kennenzulernen. Also zuerst, woher kommst du?»

«Aus Bonn.»

«Wo kann man dich treffen, wenn du nicht zu Hause bist?»

«Weiß ich nicht, aber wenn du mich findest, kannst du mich gerne mit nach Hause nehmen.» Hao wird bei der Antwort ganz rot.

«Wann stehst du normalerweise auf und wann gehst du ins Bett?», macht er weiter mit seinem Interview.

«Ins Bett, sobald ich jemanden gefunden habe, der mitkommt. Aufstehen möglichst bevor er wach wird, damit ich mich rausschleichen kann.» Alter Falter, was hat die denn geschluckt?

«Wie läufst du zu Hause rum, wenn du nicht raus musst?», fragt Hao weiter.

«In Spitzenunterwäsche.»

«Welche Marke?»

O.K. mir reicht's.» Danke Christine, es war sehr nett mit dir. Wir melden uns vielleicht bei dir. Beziehungsweise auch nicht. Tschüssi.» Ich bringe sie zur Tür.

«Was war das denn?» Hao schaut mich verwundert an.

«Was das war? Das frage ich mich auch. Wir sind hier auf einem WG-Casting und nicht im Bordell. Die hat sich dir gegenüber ja förmlich an den Hals geschmissen.»

«Komm, das war doch nur Spaß. Und außerdem ist das kein WG-Casting, sondern du suchst nach einer Freundin», erinnert mich Hao.

«Ja, und du auch, wenn du das schon vergessen hast. Aus die Zeit mit den billigen Betthäschen, mein Lieber. Du suchst keine Frauen mehr für eine Nacht. Beim nächsten Mal stelle ich die Fragen.»

Es klingelt an der Tür.

«Alles klar, Frau Aus-die-Maus. Dann zeig mal was du drauf hast.» Hao öffnet die Tür.

«Hallo, ich bin Bettina. Ich bin wegen des WG-Zimmers hier.»

«Hi Bettina, komm doch rein.» Wir setzen uns alle in die Küche und diesmal übernehme ich das Fragekommando.

«Bettina, kann ich dir ein paar Fragen stellen, damit wir dich näher kennenlernen?»

«Ja, sicher doch.»

«Cool. Welche Eigenschaften sind dir bei einem Mitbewohner am wichtigsten?»

«Dass er die Hälfte der Miete zahlt.» Hao und ich schauen uns an.

«Nein, Scherz. Dass man mit ihm jede Menge Spaß haben kann.» Hm, Humor hat sie schon mal.

«Deine aktuelle Lieblingsdroge?»

«Zucker.»

«Was war zuerst da? Huhn oder Ei?»

«Karotte.»

«Die Antwort auf alle Fragen?»

«42«

«Bettina?»

«Ja?»

«Ich finde dich klasse!»

«Oh, das freut mich! Endlich stellt einer auch mal die wesentlichen Fragen.» Wir müssen alle lachen.

«Ich will auch noch eine Frage stellen», fordert Hao.

«Ja?»

«Wie findest du John Travolta?»

\*

So habe ich mir rudirockt nicht vorgestellt. Nachdem Hao und ich bereits für die ersten beiden Gänge in zwei verschiedenen Haushalten waren, kann ich meine Enttäuschung beim dritten Gang nicht mehr zurückhalten. Dieser findet bei mir in der Küche statt, da Hao und ich für das Dessert zuständig sind. Wir haben ein Birnen-Soufflé mit Birnenschnaps vorbereitet. Französische Spezialität. Ich verteile das exquisite Dessert an die vier schon sehr angeheiterten, ich möchte betonen männlichen, Gäste. Ich fühle mich wie in dem Film ‹Allein unter Männern[10]‹.

«Die weiche Note des Birnenschnapses ergänzt die sanfte Natur der Birnenfrucht zu einer perfekt harmonisierenden Glückseligkeit. Eine besondere Spezialität der Region Périgord in Südwestfrankreich», kommentiere ich unser Dessert. Peinliche Stille.

«Sie ist ein Dessert-Gourmand müsst ihr wissen», witzelt Hao.

«Dessert-Gourmet», korrigiere ich.» Ich bin ein Feinschmecker.»

«Wie auch immer», gibt Maschinenbaumann Nummer eins von sich.» Hauptsache Schnaps!»

Maschinenbaumann Nummer eins, zwei, drei und vier lachen.

---

10  So hieß der doch, oder?

«Jungs, wenn ihr so gerne Schnaps mögt: Ich habe noch welchen im Schrank.» Ich kann genauso gut auch ein bisschen Spaß haben. Selbst wenn die Suche nach einer Freundin heute Abend aussichtslos ist. Der Weg ist das Ziel. Ich hole den guten Schnaps aus dem Schrank und gebe jedem ein Glas.

«Prösterchen ist besser als ins Klösterchen!» Zustimmendes Nicken. Und zack. Runter damit.

«Wisst ihr. Hao und ich hatten die abstruse Idee, ihm und mir heute Abend eine Freundin zu finden. Aber mit euch ist es irgendwie auch eine ganz nette Runde», gestehe ich.

Maschinenbaumann eins, zwei, drei und vier starren mich an.

«Wie, du bist lesbisch?», fragt Maschinenbaumann Nummer drei.

«Neeeeee.» Ich steche mit meinem Löffel in das Birnen-Soufflé.» Es ist so. Seit ich in Aachen studiere, bin ich ja fast nur von Männern umgeben. Zugegeben, am Anfang war das ganz nett. Ja, ich habe es sogar sehr genossen. Hach, wenn ihr wüsstet. Mein zweites Semester war richtig wild», schwelge ich in Erinnerungen.

«Hehe.» Maschinenbaumann Nummer vier lacht. Ich stoße mit ihm an.

«Was ist dann passiert?», will Maschinenbaumann Nummer eins wissen.

«Dann kam das dritte Semester, und dann das vierte. Und irgendwann wachte ich auf und…«Ich nehme einen tiefen Schluck Schnaps.» Dann bum!!!» Ich haue auf den Tisch.

Maschinenbaumann Nummer drei und vier zucken zusammen.

«Ich war plötzlich allein unter Männern. Wie in diesem einen Film!»

«Kenne ich nicht. Meinst du allein in New York?» Maschinenbaumann Nummer zwei sagt auch mal was.

«Wie auch immer. Jedenfalls war mir plötzlich klar, dass es so nicht weitergehen kann. Und jetzt hat Hao eine teuflisch geniale Liste mit Tätigkeiten entworfen, die wir nacheinander abklappern, um Frauen kennenzulernen.»

«Ja, also ich dachte, zu zweit macht es auch mehr Spaß zu suchen», kommentiert Hao.

«Und hattet ihr Erfolg bis jetzt?»

«Noch nicht. Aber wir sind ja auch noch nicht die ganze Liste durch.» Hao bleibt optimistisch.» Was ist denn eigentlich aus dieser Bettina vom WG-Casting geworden? Die klang doch echt sympathisch», fragt Hao mich.

«Ach», erinnere ich mich schwermütig.» Ich habe sie kurz danach angerufen und ihr erzählt, dass wir in Wirklichkeit kein Zimmer frei haben und ich nur auf der Suche nach einer Freundin bin. Sie war ziemlich sauer.»

«Jetzt weißt du also, wie frustrierend das erst als Mann in Aachen sein muss», entgegnet Hao.» In dem Sinne: Ein Hoch auf die Männer Aachens, die es schon so lange hier ausgehalten haben!»

Ich erhebe mein Glas.» Prost, ihr seid klasse!»

# Eines Tages im SuperC

Nach Wochen der gestarteten Östrogen-Suche finden Fabian, Hao und ich uns im neu eröffneten C-Café wieder, welches sich im SuperC-Gebäude befindet. Das SuperC ist das Service-Zentrum der RWTH Aachen, das sich neben dem Hauptgebäude befindet und Dienstleistungen für Studenten anbietet. Hierzu gehören beispielsweise das Studentensekretariat, das Akademische Auslands- und Prüfungsamt und das sogenannte Career Center.

«Ist echt cool hier. Ich glaube das könnte unser neuer Lieblingsort werden.» Fabian freut sich, dass es endlich ein Studentencafé an der Uni gibt.

«Du meinst neben unserem bisherigen Lieblingsort, der Bib?», neckt Hao ihn.

«Hehe. Hier kann man bestimmt auch lernen, keine Sorge.»

Mein Handy klingelt. Ich ignoriere es.

«Ich finde es auch cool hier», entgegne ich.» Man muss nicht dauernd zur Coffeelution hochlaufen, wenn man mal eine Vorlesung im Karman hat. Und die Preise sind echt okay.» Mein Kontostand ist wie so häufig etwas ins Minus geraten.

«Das stimmt, und hier kann man wenigstens abhängen, um sinnlos seine Zeit zu vergeuden.»

«Guck mal, Rosie. Da vorne kommt gerade dein Freund.» Fabian zeigt subtil an den Eingang. Falk ist soeben hereingekommen.

«Oh nein, nicht der. Hoffentlich kommt er nicht zu uns.» Falk sieht uns und kommt zu uns.

«Hey, Leute. Alles klar? Was geht bei euch?», fragt er in die Gruppe gerichtet.

«Ach, das Übliche», entgegne ich.» Kaffee trinken und nichts tun.»

Falk lacht.» Ja, ich habe schon gehört, dass du jetzt zu BWL gewechselt hast?»

«Ähm, ne? Wie kommst du darauf?», frage ich ihn entgeistert.

«Ach, man munkelt. Ich sehe dich auch nur noch in den BWL-Vorlesungen.»

Immer dieser Semestertratsch.» Ich habe dieses Semester keine neuen technischen Module angemeldet, das ist alles. Nach den letzten Semestern habe ich erkannt, dass ich mich nicht unter Druck setzen und nicht in Regelstudienzeit bleiben muss.»

«Ist nicht so gut gelaufen das letzte Semester? Hast du E-Technik 1 jetzt eigentlich bestanden?», bohrt er noch tiefer nach.

Mein Handy fängt wieder an zu klingeln. Auch das noch. Ich ignoriere es weiter.

«Ne, habe ich nicht.»

«Das tut mir leid. Ist bestimmt nicht so einfach dieses Rausschmeißfach aus dem ersten Semester noch weiter mit sich zu schleppen.»

Grrrrrrrrrrrrr…

«Sie hatte doch gerade mal zwei Versuche. Da ist sie weit von der berüchtigten mündlichen Prüfung entfernt, von der du da redest», wirft Hao ein.

«Ja, genau zu sagen einen weiteren Fehlversuch entfernt.»

«Danke Falk, das weiß ich. Aber nett, dass du mich daran erinnerst.» Wie schön, dass es diese Kommilitonen gibt, die einem
die Moral noch weiter runterziehen und sich immer so bren-
nend für die eigene Klausurchoreografie interessieren.»

«Ja sorry, wollte dich nicht beunruhigen. Du schaffst das
schon. Ich lass euch dann mal in Ruhe, ich bin hier verabredet.
Bis die Tage!»

Fabian und Hao schauen mich mitleidig an.» Alles okay?»

«Ja klar, alles gut. Macht euch keine Sorgen. Ich lass mir doch
von diesem Schnösel nicht Angst machen. Aber Hao, was wolltest du uns eigentlich erzählen? Du meintest heute du hättest
Neuigkeiten?», versuche ich vom Thema abzulenken.

«Ja, habe ich.» Er fängt an zu grinsen. Er schlägt mit seinem
Löffel an seine Kaffeetasse, um unsere volle Aufmerksamkeit
zu bekommen. Ein paar Gäste im Café drehen sich zu uns um.

«Meine lieben Freunde. Ich habe grandiose Neuigkeiten. Sie
werden euch umhauen. Wenn ihr nicht schon sitzen würdet,
würde ich euch raten, euch besser hinzusetzen.»

«Jetzt mach es doch nicht so spannend!»

«O.K. Also die Neuigkeit ist…«Wir schauen Hao gespannt
an.» Die Neuigkeit ist: Ich habe jetzt eine Freundin!»

«Nicht dein Ernst? Das ist ja klasse! Wie hast du das denn
geschafft?» Ich umarme Hao. Ein paar Leute im Café fangen
an zu klatschen.

«Erinnerst du dich an das Mädchen, dass ich angesprochen
habe, als wir letztens beim Kontakthüpfen waren? Wir haben
uns jetzt öfter wieder getroffen und irgendwie hat es sich so
ergeben.»

«Oh, ich freue mich so für dich! Ja, ich erinnere mich. Sie
wirkte echt sympathisch.»

«Was macht sie denn und wie heißt sie?», will Fabian wissen.

«Sie heißt Elena und studiert Architektur.»

«Also eine Architektin, nicht schlecht. Wie ist es denn bei dir bis jetzt gelaufen mit den Mädchen, Rosie?» Fabian schaut mich mit großen Augen an.

Hao lacht.» Sehr gut, würde ich sagen. Wir waren zusammen beim Yoga und da hat sich ein Mädchen an Rosie rangemacht.»

«Ist das wahr?»

«Jein. Ich war zuerst ganz begeistert. Es fing an mit netten Gesprächen während des Yoga. Und dann fragte sie mich, ob ich nicht Lust hätte mal mit ihr ins Kino zu gehen. Da sei so ein neuer Film mit Ryan Gosling raus.»

«Ha, und dann?»

«Dann musste ich im Kino leider feststellen, dass sie tatsächlich nur wegen Ryans schauspielerischer Fähigkeiten im Kino saß und nicht wegen seines Aussehens. Wenn du verstehst, was ich meine.» Ich merke, wie ich leicht rot werde. Mein Telefon fängt wieder an zu klingeln.

«Man, Rosie. Jetzt geh endlich an dein verdammtes Handy. Wer ist das denn die ganze Zeit, der dich anruft?», will Hao wissen.

«Ja, das weiß ich eben nicht. Ich habe am Ende aus Verzweiflung den siebten Punkt deines teuflischen Plans befolgt und es direkt bereut.»

«Was ist denn der siebte Punkt?», fragt Fabian.

«Eine Suche auf dem Schwarzen Brett starten. Ja, und jetzt kriege ich alle fünf Minuten einen Anruf von einem Ingenieur, der meint, er sei leider kein Mädchen, könne mir dafür aber seine Freundschaft anbieten.»

«Oh, Rosie.» Fabian sieht bedrückt aus.» Wieso hast du auf Hao gehört? Jetzt wird innerhalb kürzester Zeit ganz Aachen deine Handynummer haben.»

«Das war ja auch nur für den Notfall gedacht», rechtfertigt sich Hao. Das Telefon klingelt weiter vor sich hin.

«Ah, es nervt mich. Ich gehe jetzt einfach ran.» Hao nimmt mein Handy in die Hand und drückt auf Anruf annehmen.» Hallo, wer ist denn da?»

Fabian und ich schauen uns an.

«Was willst du denn von ihr?» Hao scheint sich zu amüsieren.» Ne ne, du hast dich nicht verwählt. Das ist schon ihr Handy. Sie hat es soeben hier vergessen. Soll ich ihr was ausrichten? Hm… Ja… O.K. Alles klar, mache ich. Bis dann.» Er legt auf.

«Und? Wer war das?», will ich wissen.

«Drei Mal darfst du raten. Deine Freundin Bettina vom WG-Casting.»

«Echt? Was wollte sie denn von mir?»

«Sich bei dir entschuldigen, dass sie am Telefon letztens so schroff zu dir war. Sie sei nur so enttäuscht gewesen, weil sie einerseits so verzweifelt nach einer WG gesucht habe und andererseits dich so gerne als Mitbewohnerin gehabt hätte. Sie findet es nicht gut, dass du so eine Aktion gestartet hast, um eine Freundin zu finden. Aber, jetzt kommt das Gute: Sie hat es mutig gefunden, dass du ihr am Ende doch die Wahrheit gesagt hast. Und nach ein paar Überlegungen dachte sie sich, wenn ihr schon nicht zusammen leben könnt, warum nicht einfach befreundet sein? Sie hat auch fast nur Männer um sich herum.»

«Echt? Das ist ja super!» Ich bin überglücklich.

«Siehst du Fabian, nicht alle meine Ratschläge sind schlecht», versucht Hao sich zu rechtfertigen.» Rosie, du sollst sie später zurückrufen, damit ihr eine erste Verabredung ausmachen könnt.»

«Das mache ich. Hao, ich danke dir vielmals! Du hast was gut bei mir!» Ich gebe ihm einen Kuss auf die Wange.» Und ich freue mich auch über deine neue Freundin. Du musst sie uns mal bei Gelegenheit vorstellen.» Ich stehe auf.

«Wenn ihr mich jetzt entschuldigen würdet. Ich muss los.» Ich nehme meine Tasche und hänge sie mir über die Schultern.

«Wo willst du denn so plötzlich hin?», fragt Fabian.

«Meine neue SIM-Karte abholen.»

# Lego Mindstorms oder das Spielzeug für Erwachsene

Ich befinde mich im Institut für Informatik. Während ich mich im Studium bis jetzt erfolgreich vor jeglicher Programmierung drücken konnte, scheint aus Hao ein wahrhaftig leidenschaftlicher Hobbyprogrammierer geworden zu sein. Und so hat er uns nun gebeten, bei seinem Vortrag über seinen Lego-Roboter dabei zu sein, den er mit seinem Gruppenkollegen programmiert hat. Natürlich werden wir ihn hier unterstützen, zumal er Würstchen und Brötchen angekündigt hat, die nach den Vorträgen gratis verteilt werden. Er weiß eben wie man mich rumkriegt. Fabian, Elena und ich staunen nicht schlecht, als Hao seinen Roboter namens Johnny vorstellt. Johnny kann im Labyrinth laufen und seinen Weg eigenständig wieder hinausfinden. Wie ich Hao kenne, hat er ihm bestimmt auch ein paar heiße Tanzbewegungen beigebracht. Hao kommt frisch nach seinem Vortrag auf uns zu. Er küsst Elena, seine neue Freundin, zur Begrüßung auf den Mund und schenkt Fabian und mir eine herzliche Umarmung.

«Wie findet ihr Johnny?»

«Ganz toll, Hao. Wirklich ganz toll! Ich hätte nie gedacht, dass mich das als Antiprogrammiererin so begeistern kann. Kann Johnny auch tanzen?», frage ich neugierig.

«Ha! Ich arbeite dran, aber es wird noch etwas dauern, bis wir ihn auf die nächste Party mitnehmen können. Passt auf, jetzt kommt der letzte Vortrag.» Hao dreht sich zur Bühne um.

«Hallo meine Damen und Herren. Mein Name ist Natascha Kolesnikow und das ist Christoph Vogel. Wir haben gemeinsam einen Roboter programmiert, der den Kaminsims hochklettern kann. Unser Roboter heißt Nikolaus und kann einen kleinen Sack mit Süßigkeiten tragen.»

Die nächste Power-Point-Folie wird eingeblendet. Darauf sieht man Roboter Nikolaus groß eingeblendet in seiner vollen Pracht.

«Der Motor des Roboters Nikolaus befindet sich dort, wo die Beine zusammenführen.»

Natascha zeigt mit dem Pointer auf den Motor. Ach du grüne Neune! Der Motor sieht aus wie ein Penis, der zwischen den Beinen des Roboters hängt. Fällt das nur mir auf?

«Ähm, also, hier, dieser Motor steuert, hehe, ja, er steuert zentral die Bewegungen des Roboters, hehe.» Natascha umkreist mit dem Pointer den Penismotor.

Anscheinend scheint auch ihr in diesem Moment der gleiche Gedanke wie mir gekommen zu sein, denn sie scheint während ihres Vortrages ein Lachen krampfhaft zu unterdrücken. Ich schaue mich ein wenig um. Keiner im Saal nimmt vom Penismotor, geschweige denn von Nataschas unterdrücktem Lachkampf, Notiz. Vielmehr scheinen alle nur wissen zu wollen, wie der Roboter genau programmiert wurde. Christoph demonstriert im Folgenden die Kletterkunst des Nikolaus, der sich zwischen zwei Wänden langsam hochschlängelt. Nicht schlecht, was alles möglich ist. Da könnte man dem Programmieren ja fast noch mal eine Chance geben. Natascha scheint sich in der Zwischenzeit auch wieder etwas gefangen zu haben, die Arme. Das Ende der Veranstaltung wird mit einem großen Dankeschön des Professors begleitet, und es wird zu Brötchen und Wurst in den Nebensaal eingeladen. Essen!

«Auf zum Essensstand, Leute!», rufe ich begeistert.

«Chantal?» Ich drehe mich um. Oh nein, das ist dieser langweilige Gerhard vom Speed-Daten.

«Hallo Gerhard. Alles gut bei dir?»

«Ja, und bei dir? Was machst du denn hier?»

«Ich bin wegen der Brötchen hier. Ich habe gehört, dass die hier besonders gut sein sollen.»

«Echt? Dein Ernst? Deswegen bist du hier?»

«Ja, wieso? Gab es hier irgendwas Besonderes?»

«Ja, hier wurden soeben Lego Mindstorms Roboter vorgestellt. Seltsam, dass du davon nichts mitbekommen hast.»

Manchmal frage ich mich, ob es sowas wie eine Intelligenz/Soziale Inkompetenz-Skala gibt. Meine Theorie hierzu ist, dass der Soziale Kompetenz-Faktor sinkt, je höher der Intelligenzfaktor ist. Ich denke, Aachen könnte hier ein guter Ort für einen Feldversuch sein. Und solange keiner meine Theorie widerlegt, würde ich sie die Fuchs'sche Theorie nennen.

«Geht er dir auf die Nerven?», Natascha steht plötzlich neben mir. Ich nicke überrascht.

«Hey Gerhard», setzt sie fort.» Wenn du magst, kannst du mal unseren Roboter testen. Christoph ist noch bei ihm.»

«Oh, das ist ja großartig.» Und weg ist er.

«Siehst du, so einfach ist das.» Ich staune nicht schlecht über Nataschas Trick.

«Danke dir! Das war nicht schlecht. Ich bin übrigens Rosie.»

«Freut mich, Rosie. Ich bin Natascha. Als ich dich mit Gerhard gesehen habe, konnte ich nicht anders, als dir zu Hilfe zu eilen. Russische Fürsorge, weißt du.» Natascha spricht den letzten Satz mit einem übertrieben aufgesetzten russischen Akzent aus.

«Es gibt nichts Besseres als russische Fürsorge», freue ich mich.

«Rrrrichtig, meine Liebe, rrrrrichtig. Ich bin zwar in Deutschland geboren, aber ich mache mir gelegentlich einen Scherz daraus, den russischen Akzent auszukramen, hehe.» Natascha lächelt mich an.

«Hut ab für deinen Vortrag. Der Penismotor hat mich echt umgehauen.» Wir prusten los.

«Ja, weißt du. Das ist mir vorher nie so aufgefallen. Aber genau heute, als ich so da stand und meinen Vortrag vor der versammelten Mannschaft hielt, da konnte ich auf einmal an nichts anderes denken. Hör mal, ich muss jetzt leider wieder zu meinem Roboter, den Stand betreuen. Aber hättest du Lust morgen Abend mit mir und meinen Mädels loszuziehen und Maibäume zu stellen?»

«Maibäume stellen? Was ist damit gemeint?»

«Das ist ein schöner Brauch hier in Aachen. Normalerweise ziehen die Männer nachts los, mit Birken auf der Schulter und stellen ihrer Erbeteten einen Maibaum. Entweder sind sie frisch verliebt, führen länger eine glückliche Beziehung oder wollen einfach das Herz einer Frau erobern. Der Akt des Maibaumstellens ist vollzogen, wenn der geschmückte Baum vor dem Haus der Angebeteten steht und möglichst bis zum Fenster reicht. Da dieses Jahr Schaltjahr ist, sind die Frauen an der Reihe den Maibaum zu stellen. Wir dürfen also dieses Jahr selber ran. Die Bäume und Materialien zum Schmücken sind schon besorgt. Außerdem bekomme ich den Bulli von einem Kumpel, mit dem wir die Bäume transportieren können.»

«Das klingt nach einem lustigen Abend. Klar bin ich dabei!», antworte ich.

«Super, dann lass uns später Nummern austauschen, um Zeitpunkt und Ort auszumachen. Du kannst auch ein paar Freundinnen von dir fragen; wir haben genug Platz im Auto. Bis später!»

# Die Maibaumnacht

In der Nacht zum ersten Mai haben wir uns zu einer netten Mädelsgruppe zusammengefunden. Natascha hat zwei Freundinnen mitgebracht. Anna und Bettina. Witzigerweise handelt es sich bei Bettina genau um besagte Bettina, die ich beim WG-Casting kennengelernt habe. Es stellt sich heraus, dass sie zusammen mit Natascha Maschinenbau studiert. Ich habe meinerseits Elena mitgenommen, um ihr beim Stellen von Haos Baum behilflich zu sein.

«Ich finde es klasse, dass Frauen auch mal einen Baum stellen können. Da haben wir Frauen das mit der Liebe selbst in der Hand. Letztes Jahr wurde mir ein Maibaum gestellt. Als ich erfuhr, wer mir den Maibaum vor mein Fenster gehangen hat, musste ich erst mal klarstellen, dass zwischen ihm und mir nie etwas laufen wird», erzählt Bettina genervt.

«Oh, und wie hat er es aufgenommen?», frage ich.

«Nicht so gut. Folglich durfte ich den Baum nach einem Monat selbst beseitigen.»

«Ach, muss der Junge, der ihn gestellt hat, ihn nach einem Monat selbst wieder abholen?»

«Ja, normalerweise schon. Und das Mädchen spendiert ihm dafür eine Kiste Bier. Ich habe mich stattdessen letztes Jahr am letzten Tag des Mai um Mitternacht rausgeschlichen und den Baum heimlich im Westpark entsorgt.»

Natascha fängt lauthals an zu lachen.» Das hast du nicht? Du bist mir ja eine Marke. Klasse!»

Ich lerne im Laufe des Abends, dass es verschiedene Arten des Maibaums gibt. Ich würde sagen, dass man sie am Ende auf nur vier Arten runterbrechen kann:

*Der Ich-liebe-dich-Maibaum:*
Bei diesem Baum handelt es sich um den am meisten gestellten und gleichzeitig auch beliebtesten Maibaum. Der Baum wird mit Krepppapier in möglichst vielen Farben geziert sowie mit Krepppapierröschen befestigt. *Mögliche Aussagen des Maibaumstellers an den Maibaumempfänger: Ich liebe dich. / Ich bin glücklich mit dir.*

*Der Eroberungsmaibaum:*
Dieser Maibaum erfordert vom Dekorateur besonderes Feingefühl, da er sich der Gefühle der anderen Person nicht sicher sein kann. Besagter Dekorateur muss sich somit mächtig ins Zeug legen, um ein erfolgreiches Ergebnis zu erzielen. Das bedeutet im Klartext: Je mehr rotes Krepppapier und Krepppapierröschen sowie möglichst ein Maiherz im Baum, desto höher die Chance, dass der Maibaumempfänger verzückt ist. *Mögliche Aussagen des Maibaumstellers an den Maibaumempfänger: Ich liebe dich. / Ich wäre gerne glücklich mit dir.*

*Der One-Night-Stand-Baum:*
Dieser Baum wird hauptsächlich mit den Farben Rot, Violett, Rosa geschmückt, als Zeichen der Begierde und körperlichen Anziehung. *Mögliche Aussagen des Maibaumstellers an den Maibaumempfänger: Ich wäre gerne glücklich mit dir, aber bitte nur für eine Nacht.*

*Der Schandbaum:*
Bei diesem Baum handelt es sich um den am wenigsten gestellten und gleichzeitig auch unbeliebtesten Maibaum. Der Maibaum wird mit Krepppapier in den Farben Rot, Schwarz, Orange verziert und enthält keine Papierröschen. Stattdessen enthält er Toilettenpapier, Kondome und Tampons. *Mögliche Aussagen des Maibaumstellers an den Maibaumempfänger: Ich liebe dich nicht. / Ich wäre nicht gerne glücklich mit dir. / Ich möchte auch niemals glücklich mit dir sein.*

In dieser Nacht stellen wir keinen einzigen Schandbaum. Nicht, dass wir niemanden hätten, den wir nicht mögen, aber diese Art des Maibaums wünscht sich doch bestimmt keiner. Stattdessen stellen wir zwei Ich-liebe-dich-Maibäume (an jeweils Nataschas und Elenas Freund) und zwei Eroberungsmaibäume (an Bettinas und Annas Möchtegern-Freunde). Ich freue mich für Hao, dass er auch einen Baum bekommt. Nach all der Freundinnen-Suche, bin ich froh, dass er mit Elena so viel Glück gehabt hat.

«Und?», fragt Elena mich.» Hast du Niemanden, dem du gerne einen Maibaum stellen möchtest, Rosie?»

«Nein, eigentlich nicht.» Ich werde ein wenig rot. Ich hoffe, dass es keinem auffällt.

«Guck mal wie rot sie wird!», zischt Natascha.» Da steckt doch was dahinter! Schieß los. Wer ist der Glückliche?»

«Ach niemand», protestiere ich. Ich habe ja auch niemanden.

«Komm schon. Rück raus damit.», beharrt Natascha auf ihre Antwort.

«Also gut. Es gibt da jemanden, den ich schon seit dem ersten Semester süß finde. Irgendwie begegne ich ihm immer so ein, zwei Mal pro Semester, aber so wirklich ist da nie etwas daraus geworden. Letztes Semester hatte er eine Freundin als ich ihn getroffen habe. Keine Ahnung, ob er noch mit ihr zusammen ist. Er heißt Franz und studiert Medizin.»

«Ach echt, Franz? Wenn es der Gleiche ist, den ich meine, dann kenne ich ihn auch. So viele Franz' gibt es ja nicht in Aachen, die dann auch noch Medizin studieren. Süßer Typ!»

«Also wir haben noch einen Maibaum, Rosie. Es wäre schade ihn wegzuwerfen», wirft Anna ein.

«Ich weiß nicht. Vielleicht ist er ja noch mit seiner Freundin zusammen? Das wäre doch dann irgendwie unangenehm.»

«Ach papperlapapp. Und wenn schon, die sind ja dann nicht verheiratet. Außerdem findest du es nur raus, wenn du mal was riskierst», entgegnet Bettina.

«Richtig, und zweitens kannst du auch jederzeit den Kürzeren ziehen und er muss nie erfahren, dass du diejenige bist, die ihn gestellt hat. Komm schon, Rosie. Du hast nur alle vier Jahre die Chance einen Baum zu stellen!», argumentiert Natascha.

Ich gebe zu, dass sie mich mit diesem Argument überzeugt hat. Er muss ja nie erfahren, dass der Maibaum von mir kommt. Das wäre doch witzig, einfach nur des Stellens wegen. Ich weiß sogar, dass er gegenüber vom Karman wohnt, da ich ihn einmal gesehen habe, wie er aus dem Fenster rausgeblickt hat.

«Alles klar, wir tun es, Mädels!» Großer Jubel in der Runde.

«Bleibt nur noch die Frage, was für einen Baum du stellen willst?»

«Hm. Ich denke, ich stelle einen One-Night-Stand-Baum. Allein, weil wir noch keinen gestellt haben und weil alles andere irgendwie zu ernst wäre.»

«Alles klar, ein One-Night-Stand-Baum sei es.»

Nachdem wir auch meinen letzten Baum gestellt haben, bin ich erleichtert, dass Franz uns nicht erwischt hat. Dann wäre ich im Erdboden versunken.

«So Mädels, ihr wisst, was jetzt auf uns zukommt?» Bettina schaut uns alle mit funkelnden Augen an. Die anderen Mädels scheinen zu wissen, wovon sie spricht. Ich jedoch habe keine Ahnung worauf sie hinaus will. Wir steigen alle in den Bulli und Natascha fährt uns zum Westpark. Das ist mir eigentlich recht, da ich dort wohne, seitdem ich im zweiten Semester aus der Verbindung geschmissen wurde. Dort angekommen, steigen wir aus dem Bulli und folgen Bettina, die zielstrebig in den Park hineinläuft. Was hat sie vor? Ich schaue Elena fragend an, aber auch sie scheint nicht zu wissen, was als Nächstes passieren wird. Nach ein paar Minuten kommen wir am See des Parks an. Ich staune nicht schlecht. Aus dem Nichts tauchen hier plötzlich eine Horde Mädels mit Bier in der Hand auf, die sich unterhalten.

«Es stimmt also wirklich», entgegnet Bettina.» Ich wusste bis jetzt nicht, ob es sich nur um Gerüchte handelt. Hier finden sich die Mädels nach dem Maibaumstellen zusammen und trinken Bier.»

Ein heimliches Treffen der Aachener Mädchen nachts im Westpark am See? Wie genial ist das denn? So viele Mädchen versammelt an einem Platz werde ich in Aachen so schnell nicht mehr sehen. Wenn Hao das wüsste, würde er mit mir hüpfen vor Freude. Bettina erklärt mir jedoch im Weiteren, dass dieses Geheimnis keinen Männern anvertraut werden dürfe.

«Vor allem bei dem, was noch folgt, wäre es untröstlich, wenn die Männer uns dabei zusehen würden und unsere Tradition somit zerstörten.»

Ich sehe Bettina fragend an: «Was folgt denn?»

In dem Moment schreit ein Mädchen in die Runde: «Es geht los!» Weitere Mädchen schließen sich dem Schrei an und rufen nacheinander: «Es geht los! Es geht los!»

«Was geht denn los?», frage ich Bettina. Diese schmunzelt nur und fängt an sich auszuziehen. Und damit ist sie nicht die Einzige. Alle Mädchen um mich herum scheinen das Gleiche zu tun und entblößen sich nacheinander. Manche bis zur Unterwäsche, andere komplett. Was ist da los?

«Komm schon. Oder willst du etwa mit Klamotten ins Wasser?», neckt sie mich.

«Ins Wasser? Wer hat gesagt, dass ich ins Wasser will?», erwidere ich überrascht.

Bettina gehört zu den Mädchen, die sich auch der Unterwäsche entblößen und springt splitterfasernackt ins Wasser. Anna und Natascha folgen ihr in Unterwäsche. Ich schaue Elena an. Sie wirkt genauso verwirrt wie ich. Das scheint irgendwie so eine verrückte, grundlose Tradition zu sein. Jedenfalls sieht es nach Spaß aus und so fange auch ich an, mich auszuziehen. Komplett natürlich. So ist wenigstens danach alles trocken. Ich grinse Elena an und springe ins Wasser.

«Spring rein! Es ist wunderbar kalt und das Wasser wunderbar ekelhaft», rufe ich ihr zu. Ich will gar nicht wissen, was sich alles im Wasser befindet. Das gute nachts ist, dass man nichts sieht. Tagsüber sah der See nie wirklich einladend aus. Nach kurzem Zögern wagt sich nun auch Elena ins Wasser.

«Ahhhhhh. Es ist so kalt!», schreit sie. Wir müssen alle laut lachen. Ich drehe mich um und kann kaum fassen, dass ich hier von lauter nackten Mädchen umgeben bin. Hätte mir das jemand vor einem Monat erzählt, hätte ich ihn ausgelacht. Wo ich mit Hao doch mit lauter Mühe herausfinden musste, wo sich überhaupt Frauen in Aachen befinden.

«Mädels», sagt Natascha.» Behaltet euch diesen Moment ganz besonders in Erinnerung. So etwas werden wir die nächsten vier Jahre nicht mehr erleben.»

# Herzschmerz und polnischer Abgang

Bereits einen Monat später kristallisiert sich heraus, wer bei dem Maibaumstellen erfolgreich gewesen war und bei wem die romantische Tradition eher eine quälende Erinnerung an etwas nicht mehr Vorhandenes sein sollte. Annas Eroberungsbaum war erfolgreich, da sie tatsächlich kurze Zeit später mit ihrem Baumempfänger zusammenkam, nachdem er rausgefunden hatte, dass der Baum von ihr stammte. Seitdem wurde sie jedoch nicht mehr von uns Mädels gesichtet, da besagte verliebte Anna seither jede freie Minute mit ihrem neuen Freund verbringt. Bettinas Eroberungsbaum war auch erfolgreich, da sie kurze Zeit später eine heiße Nacht mit ihrem Verflossenen verbrachte. Wobei ich betonen möchte, dass hier ein One-Night-Stand-Baum angebrachter gewesen wäre, da es tatsächlich nur bei dieser einen Nacht blieb. Über Elenas Erfolg brauchen wir erst gar nicht zu reden. Hao ist einer der glücklichsten Männer Aachens und ist wie eh und je abgöttisch in sie verliebt. Ja und Natascha: Sie sitzt voller Liebeskummer mit mir in ihrem Zimmer und trauert ihrer ersten großen Liebe nach. Kurz nachdem wir ihrem Freund einen Baum gestellt haben, gestand er ihr, dass er sie zwei Mal mit derselben Person, die er natürlich nicht verraten wollte, betrogen habe. Nach der Maibaumgeschichte hatte er wohl so ein schlechtes Gewissen, dass er es nicht mehr für sich behalten konnte und so packte er kurz danach aus mit der Geschichte.

«Weißt du», schnieft Natascha in ihr Taschentuch hinein.» Ich kenne ihn schon, seitdem ich 17 bin. Ich bin sozusagen mit ihm groß geworden. In meinen Gedanken stellte ich mir schon unsere russisch-deutsche Hochzeit vor. Meine Eltern liebten ihn. Ich liebe ihn so sehr, dass ich ihm eventuell bei einem Ausrutscher noch eine Chance gegeben hätte. Aber zwei Mal? Mit derselben Person? Das tut zu sehr weh und das bedeutet, dass ihm an der anderen Person doch mehr liegt, als er mir weiß machen möchte.»

«Das denke ich auch. Sonst wäre ihm das nicht noch mal passiert. Es tut mir so leid, Natascha.» Ich nehme sie in den Arm. Seit Wochen geht das nun schon so. Ich weiß einfach nicht, wie ich ihr helfen kann. Dabei könnte man doch meinen, in Aachen sei alles so einfach für die Frauen. Pustekuchen.

«Wenn er mich jetzt wenigstens in Ruhe lassen würde, weißt du? Aber nein, er meldet sich jeden Tag bei mir und versucht mich zurückzubekommen. Das tut noch viel mehr weh.» Nataschas Telefon klingelt.

«Nein, er ruft wieder an. Ich kann das nicht mehr.» Ein neuer Heulanfall droht bei Natascha aufzukommen. Ich muss irgendwas tun. Ich greife nach ihrem Handy und nehme den Anruf entgegen.

«Hör zu du kleiner Schlumpf. Hör auf Natascha dauernd anzurufen. Das macht die Sache keinen Deut besser. Damit bekommst du sie nicht zurück. Sie will ihre Ruhe haben, begreifst du es nicht? Wenn du sie noch einmal belästigst, kriegst du es mit mir zu tun. Ich reiße dir jedes Haar aus deiner Nase.» Ich lege auf. Natascha guckt mich mit ihren großen Augen an und sagt kein Wort. Dann fängt sie laut an zu lachen.

«Ist das dein Ernst, Rosie? So beschimpfst du die Leute, wenn du sauer bist? Das war wirklich erste Sahne!» Sie hört nicht mehr auf zu lachen und umarmt mich. Ich muss auch anfangen zu lachen. Ich weiß nicht, warum es komisch sein soll, aber ich bin einfach so erleichtert, dass Natascha das erste Mal nach Wochen wieder herzlich lachen kann. Ich habe plötzlich eine Idee und befreie mich aus ihrer Umarmung.

«Natascha. Es reicht jetzt. Tu dir das nicht mehr an.» Ich nehme ihr Handy und suche nach dem Kontakt ihres Exfreundes.

«Was machst du da?», will sie wissen.

«Schon mal was von Lastabwurf gehört? Natürlich nicht. Du bist ja Maschinenbauerin. Ein Lastabwurf bezeichnet das Abschalten von Netzlast zur Laststeuerung im Stromnetz und ist die letzte Maßnahme, um dem drohenden kompletten Zusammenbruch eines Verbundnetzes zuvorzukommen. Das ist endlich der Moment, in dem ich mein angelerntes Wissen aus dem Studium auf eine reale Situation übertragen kann. Man lernt eben doch was fürs Leben. Fakt ist, dass du, meine Liebe, vor dem kompletten Zusammenbruch stehst und der Lastabwurf unsere letzte Möglichkeit ist dich davor zu bewahren.»

«Und auf Deutsch?»

«Das bedeutet, dass ich ihn, deinen besagten ersten Freund und Fremdgeher, jetzt auf deinem Handy blockiere, damit er dich nicht mehr anrufen kann. Ha!» Gesagt, getan.» Und jetzt, meine Liebe, tun wir das, was ich immer tue, wenn es mir richtig dreckig geht. Zieh dir etwas Schönes an, wir crashen jetzt eine WG-Party.»

«Welche WG-Party?»

«Das ist doch der Sinn des Crashens. Dass wir nicht wissen welche. Wir laufen einfach durch die Stadt und sobald wir eine Party in einer Wohnung sehen, crashen wir. Verstanden?»

«Alles klar!» Zu meinem großen Erstaunen geht Natascha tatsächlich zu ihrem Kleiderschrank und sucht sich etwas Nettes zum Anziehen an. Sie scheint irgendwie aufgeregt bei dem Gedanken, bei fremden Leuten auf einer Party zu erscheinen. Die letzte WG-Party, die ich gecrasht habe, ist nicht so erfreulich für mich verlaufen, doch das verschweige ich Natascha gegenüber lieber. Ich freue mich, dass sie seit Tagen endlich mal wieder aus dem Haus gehen will. No risk, no fun! Das hat sie mir doch selbst gepredigt. Nach einer halben Stunde hat sie sich ein schickes, schwarzes Kleid mit tiefem Ausschnitt übergezogen und steht fertig geschminkt vor mir. Der Ausschnitt hebt ihren üppigen Busen hervor. Sie sieht wirklich bezaubernd in ihrem Kleid aus.

«Kann ich so gehen? Ich dachte mir, ich zeige mal, was ich habe», zwinkert sie mir zu.

«Du siehst wunderbar aus! So wirst du garantiert heute jedem Mann die Augen verdrehen. Jetzt stibitzen wir nur noch eine Flasche Rotwein aus der Küche und schon kann es losgehen. Immerhin sind wir gut erzogene Partycrasher.» Ich beschließe in meinem blauen Sommerkleid zu bleiben und so ziehen wir los, auf der Suche nach einer geeigneten Party.

«Was ist eigentlich mit Franz?», fragt mich Natascha plötzlich.

«Was meinst du?»

«Na, weiß er mittlerweile, dass du ihm einen Maibaum gestellt hast?»

«Ich denke nicht. Wie sollte er auch darauf kommen? Ich habe ja eigentlich nichts mit ihm zu tun. Ich weiß ja auch nicht, ob er nicht noch mit seiner Freundin zusammen ist.»

«Wenn du willst, kann ich mal nachhaken. Ich kenne bestimmt jemanden, der auf studiVZ mit ihm befreundet ist.»

«Ne du, danke. Lass mal lieber.» Die letzte Begegnung mit Franz auf der WG-Party im dritten Semester ist mir so unangenehm, dass ich ihn am liebsten gar nicht mehr sehen möchte.

Wie kam ich nur dazu, ihm einen Maibaum zu stellen? Ich hoffe, dass er nie erfährt, dass ich das war.

Als wir am Marktplatz ankommen, können wir von draußen auch schon eine Party ausmachen: Aus einer Wohnung, direkt gegenüber vom Rathaus, kommt laute Musik. Mehrere Menschen stehen auf dem Balkon und rauchen.

«Schau mal, eine Party!» Ich versuche vom Thema Franz abzulenken. Wir gehen zur Eingangstür und klingeln im gesamten Haus in der Hoffnung, dass einer aufmacht. Nach kurzer Zeit geht tatsächlich die Tür auf und wir folgen im Treppenhaus der lauten Musik. Im dritten Stock treffen wir auf die Wohnung, in der die Party stattfindet und klingeln an der Tür. Ein blondes Mädchen öffnet uns. Sie sieht überrascht aus.

«Hallo, ähm, kennen wir uns?», fragt sie uns verwundert.

«Hi, ich bin Rosie und das ist Natascha. Ich wohne im zweiten Stock und wir haben gehört, dass bei euch eine Party läuft. Da dachten wir, wir kommen vorbei und sagen hallo.» Ich zeige ihr mein bestes Lächeln und halte ihr die Flasche Rotwein hin, in der Hoffnung, dass sie mich bei meiner Flunkerei nicht erwischt.

«Das ist ja nett. Ich bin Sandrina, die neue Nachbarin. Ich bin vor einer Woche eingezogen und mache eine Einweihungsparty. Wie nett, dass wir Nachbarn uns mal kennenlernen. Kommt doch rein.»

Glück gehabt, sie hat es vollkommen abgekauft! Und zack, sind wir auch schon auf einer coolen Party. Natascha und ich lernen viele nette Leute kennen und tanzen wie die Verrückten. Uns kennt ja keiner auf der Party, da kann man sich ruhig zum Affen machen. Natascha sieht zum ersten Mal nach Wochen wieder richtig glücklich und ausgelassen aus und ich freue mich, dass sie so viel Spaß hat.

«Gibt es zu, ihr seid gar keine Nachbarn von Sandrina.» Ich drehe mich um und sehe Hao vor mir.

«Hao! Was machst du denn hier?» Ich freue mich riesig ihn zu sehen und umarme ihn.

«Du wirst es kaum glauben, aber ich kenne tatsächlich die Gastgeberin auf der Party.»

«Dass ich nicht lache! Was ist los mit dir, Hao? Du gehst neuerdings auf Partys, auf die du eingeladen bist, du hast eine Freundin, du programmierst Maschinen. Man könnte meinen, du seist richtig seriös geworden», ärgere ich ihn.

«Da staunst du, was? Es gibt jedoch auch Dinge, die sich nie ändern werden.» Er geht direkt auf den Laptop zu, der die Musik der Party steuert und legt das Lied ‹Stayin' Alive› von den Bee Gees auf. Ich verdrehe die Augen. Er hat recht: Es gibt Dinge, die sich nie ändern. Hao schwingt die Hüften und fordert mich auf, das Gleiche zu tun. Yeah. Meine Hüften haben es immer noch drauf! Natascha schwingt nun auch die Ihren. Ich kann nicht mehr vor Lachen, da ich Hao lange nicht mehr habe tanzen sehen.

Plötzlich drehe ich mich um und sehe IHN am Ende des Raumes. Um sicher zu gehen, dass er es tatsächlich ist, schaue ich gleich mehrmals hin. Kein Zweifel: Wir sind zufällig auf einer Party gelandet, auf der Franz sich auch befindet. Ich habe ein Déjà-vu. Ich möchte nicht wieder das Gleiche erleben wie im dritten Semester, als ich ihn auf einer gecrashten Party wiedersah. Keine Panik, Rosie. Bleib cool und lass dich nicht davon überwältigen. Und so tue ich das, was mir in diesem Moment am intelligentesten vorkommt. Ich gehe immer geradeaus durch die Ausgangstür, drehe mich nicht um, gehe zielstrebig raus in der Hoffnung, dass mich keiner sieht, gehe, gehe, laufe die Treppen im Hausflur runter und bleibe stehen. Puh. Das war knapp. Bin ich tatsächlich einfach abgehauen, ohne Natascha und Hao Tschüss zu sagen? Ich konnte irgendwie nicht anders. Franz hätte mich jeden Moment sehen können. Ich hoffe, er hat es nicht. Vielleicht hat auch keiner gesehen, dass ich einfach abgehauen bin. Mein Handy klingelt. Es ist Natascha. Ich nehme den Anruf entgegen.

«Bist du soeben einfach mitten im Lied durch die Ausgangstür gegangen und hast die Party verlassen?», fragt sie.

«Ähm, ja. Pass auf. Es tut mir leid, dass ich euch nicht Tschüss gesagt habe, aber ich habe Franz gesehen und musste einfach schnell weg.»

«Franz? Auf der Party? Wo?»

«Natascha, mach bitte nichts, wenn du ihn siehst, okay?» Beep, beep.» Natascha?» Sie hat aufgelegt. In der Hoffnung, dass sie meinen letzten Satz noch gehört hat, gehe ich nach Hause.

# 2. Semester

# Der Anruf

Der Anruf kommt völlig unerwartet. Eine dunkle Männerstimme, die entgegnet: «Der Mond ist aufgegangen.» Ich weiß sofort was zu tun ist. Ich nehme meinen Laptop, gehe auf die HöMa 1 Seite der letzten geschriebenen Klausur und gebe meine Matrikelnummer ins entsprechende Feld ein. Mein Herz schlägt wie verrückt. Bitte lass mich bestanden haben. Lass mich die Klausur nicht umsonst direkt in der vorlesungsfreien Zeit nachgeschrieben haben. Bitte, bitte. Ich werde auch ein ganz liebes Mädchen sein dieses Semester. Drei, zwei, eins und los! Ich drücke auf Enter. Und meine Note erscheint. Ahhhhhhhhhhhhhhhhhhh! Es ist eine 4,0!!! Ich bin gerade noch so durchgekommen! Jetzt muss alles schnell gehen. Ich verlasse mein Zimmer in der Verbindung und gehe auf die Straße. Wie immer riecht es in der Süsterfeldstraße nach Schokolade. Ich atme tief ein und schließe die Augen. So fühlt es sich also an, das Gefühl des Bestehens. Es ist wunderbar. Ich biege in die Intzestraße ein und fange an zu laufen. Überquere den Tempelgraben, vorbei am Audimax, immer geradeaus Richtung SuperC. Mein Adrenalin steigt. Werde ich die erste sein? Werde ich die einzige sein? Ich hoffe, dass Sabine und Hao die Klausur auch bestanden haben. Am SuperC angekommen, bin ich völlig aus der Puste.

«Du aaaaaauuuuch!» Sabine umarmt mich von hinten.» Du hast es auch geschafft. Ich freue mich riesig. Das ist super!»

«Schön, dass du es auch geschafft hast, Sabine! Jetzt müssen wir nur auf Hao warten.»

«Meinst du, er hat es auch geschafft?»

«Natürlich! Kein Zweifel. Er wird gleich angerannt kommen, da bin ich mir ganz sicher.»

So unsere Idee. Jeder von uns drei Nachschreibern, der die Klausur besteht, soll direkt loslaufen. Bei einem negativen Ergebnis hat man das Recht, heulend in seinem Zimmer zu verweilen, bis man über den Schock hinweg ist. Um zu garantieren, dass jeder gleichzeitig losläuft, mussten wir jeweils auf den besagten Anruf warten, um das Ergebnis daraufhin nachzuschauen. Bei einem positivem Ergebnis hat man das Recht, sich noch kurz etwas überzuziehen, was gerade in der Nähe liegt. Der letzte, der ankommt, muss die Runde zahlen.

«Ich hoffe auch, dass er es geschafft hat. Immerhin hatte er es von uns allen am meisten drauf.»

Die Minuten vergehen, aber immer noch keine Spur von Hao. Langsam werde ich nervös.

«Weißt du, Sabine. Er hat es ja auch am Weitesten von uns allen. Bis er den Weg gelaufen kommt, vergehen ein paar Minuten mehr», versuche ich es schönzureden.

«Ja, da hast du recht. Da braucht er einfach ein wenig länger.»

Hinter uns wird gepfiffen. Dabei haben wir nichts besonders Reizendes an. Sabine und ich drehen uns um und erkennen, dass das Pfeifen nicht uns gewidmet ist. Ein paar Mädels pfeifen Hao hinterher, der oben ohne und untenrum nur mit einem Handtuch bedeckt auf uns zu läuft.

«Da bin ich. Ich befürchte, dass ich die Runde zahlen muss.» Er grinst uns frech an.

«Hao, was ist denn mit deinen Klamotten passiert?», frage ich etwas überrascht und gleichzeitig überglücklich, dass er doch noch gekommen ist.

«Ja weißt du, es musste alles ganz schnell gehen. Und da ich gerade aus der Dusche kam, als Fabian anrief, da hatte ich nur noch Zeit, mir ein Handtuch überzuwerfen.»

«Ach gib's doch zu. Du wolltest nur deinen Oberkörper zeigen!» Wir lachen und umarmen uns.

«Ich bin froh, dass du es geschafft hast», flüstere ich Hao zu. Ich löse mich aus der Umarmung.» Und, dass die Runde auf dich geht!» Sabine und ich lachen.

«Sehe ich so aus, als hätte ich ein Portemonnaie mit?»

«Ach deswegen der Trick mit dem Handtuch! Eine sehr gute Ausrede, Hao.»

«Ich kann ja mal schauen, ob unter dem Handtuch ein Portemonnaie ist.»

Sabine wird leicht rosa. Ich hingegen verdrehe die Augen.» Alles klar. Die Runde geht auf mich.»

# Der Brief und andere Schlamassel

*Liebe Rosie,*
*hiermit müssen wir dir leider mitteilen, dass dein Mietvertrag in*
*der Verbindung Corps Elaectritia nicht verlängert wird und dieser*
*binnen drei Monaten endet.*
*Viele Grüße,*
*die Corps Elaectritia*

Mist. Dann muss ich mir jetzt was Neues suchen. Mir war zwar klar, dass ich nicht lange hier wohnen bleiben kann ohne der Verbindung beizutreten, aber dass es so schnell passiert, hätte ich nicht gedacht. Ich wähle Fabians Nummer.

«Sexiest Man aus Aachen hier am Apparat», nimmt er den Hörer ab.

«Ha, das ist genau die richtige Person, die ich jetzt brauche. Fabian, ich werde aus der Verbindung rausgeschmissen. Soeben habe ich einen Brief bekommen. In drei Monaten muss ich raus.»

«Oh krass. Das ging ja schnell. Und die haben vorher nicht mit dir geredet? Das ist ja ärgerlich.»

«Ja schon. Ich werde mal auf WG-gesucht was Neues suchen und auch mal rumfragen bei Kommilitonen, ob jemand gerade wen sucht.»

«Ja, mach das. Ich frage auch mal rum. Es ergibt sich immer irgendwas. Dann lass uns erst mal etwas trinken gehen. Wir päppeln dich ein bisschen auf.»

«O.K., sniff.»

«Heute auch mal keine gecrashte Party. Es ist 1Live ‹Liebesalarm-Party› im Karman!»

«Muss man da Angst haben?», frage ich etwas unsicher.

«Hehe, ne, das wird lustig. Singles können ihr Foto auf eine Leinwand beamen lassen. Wenn du jemandem gefällst, kann er einen Liebesboten auf dich schicken.»

«O.K., dann weiß ich schon mal, wer kein Foto von sich machen lässt. Kommen da auch Frauen?»

«So wird gemunkelt.»

«Das hast du bei der letzten E-Technik-Party auch gesagt», antworte ich genervt.

«Da war ich ja auch betrunken. Also Treffpunkt 21 Uhr bei mir zum Vortrinken?»

«O.K.»

Auf der Liebesalarm-Party angekommen ist die Stimmung nicht schlecht, wie ich zugeben muss. Die Party findet im Karman-Auditorium der RWTH statt. Überall sind Leinwände aufgestellt, auf denen Singles mit jeweils einer zugewiesenen Nummer hintereinander angezeigt werden. Mit Partyleuchtern wird das Auditorium, das sonst mit seinem tristen Grauton r/, abwechselnd mit Grün, Pink oder Lila in eine bunte Tanzlocation verwandelt. Ein wenig angeheitert lasse ich mich von Fabian überreden, auch ein Foto von mir für die Leinwand zu machen. Seitdem bekomme ich alle fünf Minuten eine Rose vom Liebesboten, die von jeweils einem anderen Verehrer stammt. Da die Verehrer leider nicht so in mein Beuteschema passen, habe ich mir einen Spaß daraus erlaubt und angefangen mit dem Liebesboten zu flirten.

«Hast du Spaß, Rosie?», will Fabian wissen.

«Ja, sehr. Das war eine gute Idee auf die Party zu gehen.»

«Das freut mich. Hao scheint sich auch prächtig zu amüsieren.» Ich traue meinen Augen nicht. Hao knutscht in der Ecke mit Sabine rum.

«Oh nein», entgegne ich.» Sie war so nett. Ich hätte sie gerne länger als Freundin behalten. Muss Hao immer auf unsere Kosten Spaß haben?» Fabian und ich lächeln uns an.

«Siehst du das blonde Mädchen dort?», fragt Fabian mich.

«Ja, sieht süß aus. Gefällt sie dir?»

«Schon, aber ich weiß noch nicht genau, wie ich sie ansprechen soll.»

«Soll ich als Wirting Woman nachhelfen?»

«Danke, geht schon. Heute kriege ich das alleine hin», zwinkert er mir zu.

«Weißt du was: Nimm einfach meinen Strauß Rosen und gib ihn ihr. Das kommt besser an, als Blumen durch einen Liebesboten schicken zu lassen. Schau mich an: Ich bin kurz davor eine heiße Affäre mit dem Liebesboten anzufangen.»

«Haha, ne. Das sind deine Rosen, die will ich dir nicht wegnehmen. Wenn du schon bald obdachlos bist, will ich dir wenigstens die Rosen lassen.»

«Ich werde sie eh im Laufe des Abends verlieren. Dann kannst du sie wenigstens vorher für einen guten Zweck missbrauchen. Außerdem muss ich mich vor allem darauf konzentrieren meinen Cocktail zu halten.» Ich reiche ihm die Rosen und laufe samt Cocktail auf die Tanzfläche.

«Rosie.» Jemand tippt mich von hinten an.

«Ach hi, Hans Peter. Alles gut bei dir? Lange nicht gesehen.» Der hat mir gerade noch gefehlt.

«Ja, alles super. Hast du meine Rose bekommen? Wir müssen noch unbedingt etwas zusammen trinken gehen.»

«Ähm ja, viel zu tun, immer. Wie du siehst. Ähm ja, danke für die Rose.»

«Mein Lernangebot steht auch jederzeit. Meinen studi-VZ-Kontakt hast du ja.»

«Danke, das ist lieb von dir. Oh, da ist ja ein Freund von mir! Ich muss weg.» Ich flüchte geradeaus durch die Menschenmenge hindurch. Als ich mich in Deckung wähne, atme ich erleichtert aus und schlürfe genüsslich an meinem Cocktail weiter.

«Hey Rosie. Alles klar?» Mein heißer Matrikelnachbar steht plötzlich vor mir.

«Hey, klar. Wie geht es dir?» Wie war noch mal sein Name?

«Sehr gut. Schön dich zu sehen!»

«Mist.»

«Was denn?»

«Ich weiß, dass deine Matrikelnummer 21355 ist, aber deinen Namen habe ich vergessen. Sorry!»

«Nicht schlimm. Rafael ist mein Name.»

Schlürf, schlürf.

«Willst du einen neuen Cocktail?»

Zack, da hat 21355 mir schon einen neuen Cocktail bestellt.

«Das ist aber nett von dir, wie aufmerksam.»

«Kein Problem. Wie läuft es so bei dir?»

«Ach ganz gut soweit, außer, dass ich mir eine neue Bleibe suchen muss. Und bei dir so?»

«Ach echt? Wenn du magst, kann ich mal für dich rumfragen, ob bei irgendwem was frei wird. Ja, bei mir läuft es auch soweit.» Die Cocktails werden uns überreicht.

«Dankeschön. Sehr nett von dir.»

«Kein Ding. Lust auf Tanzen?»

«Klar!» Schlürf.

An der Tanzfläche zurück muss ich zugeben, dass Rafael ganz gute Tanzbewegungen drauf hat. Er verdreht mir schon so leicht den Kopf mit seinen Lachgrübchen. Oder ist das der Alkohol? Was meinte Fabian eigentlich nochmal hinsichtlich Matrikelnachbarn...?

«Weißt du eigentlich, dass ich dich schon seit dem ersten Semester richtig süß finde?»

Ohhhhh, und dann findet er auch noch genau die Worte, die man hören will. Frauen sind einfach so leicht rumzukriegen.

«Nein, wirklich! Ich habe nur bis jetzt nicht den richtigen Moment gefunden dir das zu sagen.»

Ist der vielleicht süß. Schlürf. Diese Schirmchen im Cocktail sind auch echt witzig. So was habe ich lange nicht mehr in einem Cocktail gesehen.

«Rosie, ich habe dich echt gerne.» In dem Moment kommt Rafael mir ganz nahe und legt seine Hände um meinen Hals. Sein Gesicht kommt immer näher an meines, bis unsere Lippen sich berühren. Seine zarten Lippen lassen meine Knie ganz weich werden. Auf einmal ist es so, als seien nur er und ich auf der Tanzfläche. Alles um mich herum verschwimmt und ist unwichtig. Er nimmt meine Hand und dreht mich im Kreis. Ich lächele ihn an. Oh man, sein Lächeln macht mich ganz verrückt. Und er riecht so gut. Was ist das für ein Parfum?

«Hättest du gedacht, dass wir heute hier zusammen tanzen werden?», fragt er mich mit einem Leuchten in den Augen.

«Nein. Das Leben steckt voller Überraschungen.» Um meinen Satz zu unterstreichen, breite ich meine Arme aus. Dabei stolpere ich ein wenig. Das war vielleicht heute besser mein letzter Cocktail. Rafael nimmt meine Hände und tanzt weiter mit mir. Wir drehen uns, er dreht mich. Die Farben der Tanzfläche wechseln von Pink zu Grün zu Blau, und zu Orange. Ich könnte die ganze Nacht so tanzen. Heute Mittag war ich noch tief betrübt und jetzt laufe ich mit Herzchen-Augen durch die Gegend. So schnell kann sich das ändern. Rafael tanzt die ganze Nacht mit mir und bringt mich wie ein echter Gentlemen nach Hause. Am Ende lädt er mich auf ein Date am Wochenende ein. Wen interessiert schon die Regel, dass man besser nichts mit seinem Matrikelnachbar haben sollte? Papperlapapp, alles nur Hokuspokus.

# Sofa im Westpark gesichtet

Zwei Wochen nach der Einslive-Party habe ich es tatsächlich geschafft, durch Freunde eine neue Bleibe zu finden, um zwei weitere Wochen später in diese einzuziehen. Bei der Bleibe handelt es sich diesmal um eine WG in der Nähe des Westparks, die sich in der Gartenstraße befindet. Ich wohne mit einem Maschinenbauer zusammen, der Thomas heißt und sich wie ich im zweiten Semester befindet sowie mit Florian, der E-Technik im vierten Semester studiert. Beides zwei super angenehme Mitbewohner, mit denen man abends gerne auch mal etwas länger in der Küche zusammensitzt. Wir haben auch ein Wohnzimmer, nur leider haben wir dort momentan kein Sofa, da mein WG-Vorgänger dieses bei seinem Auszug mitgenommen hat. Deswegen bin ich auch so erfreut, als Fabian mich gegen Abend anruft, um mir mitzuteilen, dass er soeben auf der Straße ein paar Jungs getroffen habe, die dabei waren ihr Sofa und einen Sessel auf der Straße zu entsorgen. Ich solle nur eben vorbeikommen, dann könnte ich sie mir ansehen und gemeinsam mit Hao zu mir tragen. Gemacht, getan. Nach 15 Minuten Tragen sind wir bereits ordentlich am Schwitzen.

«Das ist ein ganz schön schweres Sofa», kommentiert Hao.»
Was haltet ihr davon, wenn wir eine kleine Pause im Westpark

einlegen? Das Gute ist, dass wir dann auch direkt ein Sofa und einen Sessel zum Sitzen haben. Wie praktisch!»

Wir finden die Idee gut, und so installieren wir die Prachtstücke fürs Erste in den Park und besorgen uns ein paar kühle Getränke. Fabian macht sein Bier auf und nimmt genüsslich geräuschvoll einen ersten Schluck.

«Gute Arbeit, Leute. Bald haben wir es geschafft. Jetzt fehlt nur noch ein bisschen Musik und der Abend ist perfekt.»

In diesem Moment kommen ein paar Studenten mit einem Ghettoblaster vorbei.

«Ich glaube ich staune nicht schlecht!», schreit einer von ihnen in unsere Richtung.» Leute, ich bin zwar schon betrunken, und es ist dunkel, aber stehen da tatsächlich ein Sofa und ein Sessel im Westpark? Ich werde verrückt, haha!»

«Kommt doch zu uns!», ruft Fabian ihnen zu.» Wir haben noch ein wenig Bier da.»

Und schon sind wir eine größere Gruppe im Westpark, die eine kleine Party gestartet hat.

«Cool, jetzt fehlt nur noch Rafael und der Abend ist wirklich perfekt», neckt mich Fabian.

«Sehr witzig», entgegne ich.

«Wieso, was ist denn mit Rafael? Ist es nicht mehr die große Liebe?», will Hao wissen.

«Nein, wir sind ein paarmal ausgegangen. Nach zwei Wochen musste ich leider feststellen, dass er ziemlich anhänglich sein kann. Er rief ständig an und tauchte wirklich überall aus dem Nichts auf.»

«Erzähl Hao die Geschichte mit dem Fahrrad.»

«Ach, ja. Eines Tages fuhr ich mit dem Fahrrad zur Uni und stellte fest, dass meine Kette frisch geölt war.»

«Deine Kette?» Hao kann es nicht glauben.» Ich habe vorher noch nie so eine rostige Kette gesehen wie an deinem Fahrrad.»

«Ja, und da war ich auch immer sehr stolz drauf.»

«Haha, warst du nicht sogar der Meinung, dass das dein absoluter Fahrrad-Klauschutz sei?»

«Richtig, neben dem klassischen Fahrradschloss natürlich.»

«Die Story geht ja noch weiter», entgegnet Fabian.

«Ja. Ich fuhr also mit besagtem Fahrrad zur Uni und staunte nicht schlecht über die frisch geölte Kette. Ich schloss mein Fahrrad wie üblich vor dem Karman ab und ging in die Vorlesung. In der Vorlesung entgegnete mir Rafael, er habe nachts heimlich meine Fahrradkette geölt, weil er gesehen habe, dass meine Kette schon ziemlich mitgenommen sei.»

«Och, wie süß! Das nenne ich doch mal Einsatz.» Hao freut sich wie ein Honigkuchenpferd.

«Freu dich nicht zu früh, Hao», kommt Fabian ihm entgegen.» Danach war das Geheule nämlich groß, als das Fahrrad nach der Vorlesung nicht mehr da war.»

«Neeeeein!»

«Doch», bestätige ich.» Was meine These auch noch mal belegen würde. Aber das ist letztendlich nicht der Grund, warum es mit Rafael nicht hatte sein sollen. Es war einfach zu viel.»

«Komm her, meine Liebe. Lass dich mal richtig durchknuddeln.» Hao umarmt mich.

«Danke dir, Hao. Wir wollten doch im Sommer heiraten und wer kümmert sich jetzt um die vier Kinder?», scherze ich.

«Keine Angst», sagt Fabian. Wir sind doch eine Familie. Wir können die Kinder in Zweiergruppen immer unter Hao, dir und mir aufteilen. Dann hat einer immer Pause und kann zwischendurch etwas durchatmen.»

«Guter Plan!»

«Und ich habe dich auch noch vorgewarnt», zwinkert Fabian mir zu.

«Hä, was?», frage ich erstaunt.

«Ich habe dir gesagt, dass man mit seinem Matrikelnachbarn lieber nichts anfängt. Goldene Regel Nummer drei.»

«Ach, da war ja was.» Ich lache herzhaft. Diese Aachener Regeln.

«Jetzt, wo wir ihm die Kinder nehmen, wird er dich während der Klausuren wahrscheinlich keines Blickes mehr würdigen.»

Ein paar Stunden später sitzen wir immer noch gemütlich im Westpark und haben uns und das Sofa plus Sessel kein Stückchen weiterbewegt.

«Leute, ich bin etwas müde. Ich würde jetzt direkt schlafen gehen», kündige ich an.» Was haltet ihr davon, wenn wir die Möbel über Nacht im Park lassen und morgen früh die drei Etagen in meine WG hochschleppen? Heute Nacht sind wir bestimmt nicht mehr in der Verfassung dazu.»

«Da magst du recht haben. Die paar Stunden können wir die Möbel bestimmt hier lassen. Die werden schon nicht geklaut», entgegnet Hao.

Am nächsten Morgen gegen 9 Uhr, als wir in den Westpark gehen, sind Sessel und Sofa spurlos verschwunden. Ich möchte also eine Regel zu den Goldenen Aachener Regeln hinzufügen: Lass nie deinen Sessel und dein Sofa über Nacht im Westpark stehen.

# Die schlimmste Zeit des Semesters ist zurück

Es ist mal wieder soweit. Ich habe versucht, es den Sommer über zu verdrängen, aber am Ende holt sie uns alle ein: Die Klausurphase. Die schlimmste Phase des Semesters, die sich über mehrere Monate zieht. Da kann man noch so viel Party machen oder im Westpark abhängen. Am Ende müssen doch alle versuchen, die Klausuren zu bestehen. Oh man, irgendwer hat schon wieder meine Milch aus dem Kühlschrank leer gemacht. Ich habe das Gefühl, dass Milch in unserer WG ein ganz besonders beliebtes Gut ist. Ich korrigiere: Dass MEINE Milch in unserer WG ein ganz besonders beliebtes Gut ist. Jetzt kommt Fabian in 15 Minuten zum Lernen vorbei und ich habe noch nicht gefrühstückt. Es klingelt an der Tür. O.K., dann halt nicht in 15 Minuten, sondern sofort. Ich drücke den Türbuzzer. Keine zehn Sekunden später steht Fabian vor der Eingangstür.

«Ich habe Croissants und Milch mitgebracht», begrüßt er mich.

«Was? Echt? Du bist ein Schatz!»

«Ja, ich dachte mir, wir könnten ja zusammen frühstücken und da ich nicht weiß, ob du deinen Kaffee mit Milch trinkst, habe ich vorsichtshalber mal welche mitgebracht.»

«Ich habe mich soeben verliebt.»

«Haha, ja das sagen sie alle. Und dann wollen sie am nächsten Morgen trotzdem bei dir bleiben», zwinkert er.

«Hehe, ich setze schon mal den Kaffee auf. Sag mal Fabian?»

«Ja?»

«Ich habe eine geniale Strategie ausgeklügelt. Mit dieser werde ich zwei Fliegen auf einen Schlag treffen, oder wie man sagt.»

«Schieß los.»

«Ich schreibe ab jetzt alle Klausuren. Ohne Ausnahme. Ich gehe in jede verdammte Klausur rein, egal, ob ich mich genügend vorbereitet fühle oder nicht. Damit werde ich 1. vermeiden zur Langzeitstudentin zu werden und 2. ist statistisch gesehen die Wahrscheinlichkeit höher, mehr Klausuren zu bestehen.»

«Absolut gesehen schon, aber relativ betrachtet müssen wir da noch mal darüber reden, Rosie.»

«Das können wir gerne nach den Klausuren tun. Ich ziehe das jetzt einfach mal durch und schaue was passiert. Ich habe keine Lust mehr, Klausuren aus alten Semestern mitzuschleppen. Ich muss immer noch mit E-Technik 1 aus dem ersten Semester leben. Oh man, Fabian?»

«Ja?»

«Ihr habt mich am Anfang gefragt, warum ich mein Studium ausgewählt habe. Ich habe versucht irgendwas Witziges zu antworten. Aber in Wirklichkeit frage ich mich bis heute, ob das eine richtige Wahl war. Ich war jung und naiv, als ich die Entscheidung getroffen habe, weißt du. Woher soll man mit 17 oder 18 wissen, was man machen will? Ich denke, ich wollte mal etwas anderes ausprobieren. Und unterbewusst wollte ich auch etwas Vernünftiges studieren, wie meine Eltern zu sagen pflegen. Ich glaube, ich wollte allen beweisen, dass ich etwas schaffen kann, was mir sonst keiner zugetraut hätte. Und jetzt sitze ich hier und ich bin es, der die Klausuren bestehen muss.

Und ich weiß gar nicht, ob mich das überhaupt so interessiert, was ich da lerne. Vielleicht mache ich es nur, weil ich damit angefangen habe und das jetzt durchziehen muss.»

«Du musst gar nichts durchziehen, wenn du es nicht willst, weißt du. Ich meine, ich habe das Studium zwar aus meiner Leidenschaft zur Technik gewählt, aber Klausuren sind immer etwas trocken. Das macht auch mir keinen Spaß. Wenn du aber wirklich überhaupt keine Freude daran hast, dann kannst du ja vielleicht tatsächlich darüber nachdenken zu wechseln.»

«Ja, das sollte ich wohl echt machen. Ich schreibe jetzt erst mal die Klausuren und gucke, ob dieses Semester besser läuft. Der Hauptgrund war glaube ich, dass ich später mit einem Ingenieursberuf überall einen Job finden kann. Ich würde gerne später alle zwei Jahre umziehen und das Land wechseln. Die Welt kennenlernen. Und die Berufe als Wirtschaftsingenieur sind ja auch ziemlich vielfältig.»

«Das klingt doch nach einem guten Plan. Und wenn du nach einer Zeit feststellst, dass du wirklich keinen Spaß am Studium hast, kannst du immer noch wechseln.»

«So sei es.»

# 5. Semester

# Oh, ist das Leben schön

Die Sonne scheint mir ins Gesicht. Was soll ich sagen? Das Erasmussemester in Spanien könnte schlimmer sein. Jetzt liege ich hier am Strand von Málaga und das Anstrengendste, was ich heute bereits gemacht habe, war die Seiten meines Buches zu blättern. Wie praktisch, dass hier auch direkt am Strand Erfrischungsgetränke verkauft werden. Ein paar Verkäufer laufen hier regelmäßig vorbei und bieten diese an.

«¿Perdon, puedo tener una Orxata mas?», frage ich.

«Sí, seguro.»

Ich liebe das Erfrischungsgetränk Orxata. Es besteht aus zerstampften Früchten, Nüssen oder Samen und ist bei so einer Hitze genau das Richtige. Schlürf. Hach ja… Das ist mal ein Kontrast zu Aachen, wo man das ganze Jahr käsebleich durch die Gegend läuft, weil man die ganze Zeit in Lernräumen verbringt. Hier muss ich hingegen kaum zur Uni. Eigentlich war ich hauptsächlich am Anfang des Semesters anwesend und zwischendurch ein paar Mal. Schlürf. Hach, ist der Drink lecker. So was müsste es mal in Aachen geben. Ich glaube, ich muss mich mal neu eincremen, sonst bin ich heute Abend ziemlich rot. Das darf nicht sein, wenn ich noch auf die Erasmusparty gehen will.

Ein paar Erasmus-Freunde kommen am Strand an und legen sich zu mir.

«Hast du eine harte Zeit, Rosie?», fragt Luca, ein italienischer Freund, auf Spanisch. Wir unterhalten uns in unserer Erasmus-Gruppe alle auf Spanisch.

«Haha, ja. Ich bin völlig überfordert», scherze ich.

Schlürf, schlürf. Eigentlich wollte ich mich heute mal wieder an der Uni blicken lassen, aber es ist gerade so gemütlich und jetzt sind die anderen auch gekommen. Da lohnt es sich kaum noch. Schlürf. Oh nein, jetzt ist mein Drink schon wieder leer. Hm, soll ich jetzt mit den anderen ins Wasser oder soll ich eine Runde schlafen? So viele Entscheidungen heute. Das sind die wirklichen Probleme des Alltags.

«Spielst du mit uns Frisbee im Wasser?», fragt Pedro, ein kolumbianischer Student.

«Warum nicht. Ein bisschen Sport kann nicht schaden.»

Schlafen kann ich auch danach. Vive l'Espagne!

# 3. Semester

# Oh, ist das Leben anstrengend

«Zentrales Prüfungsamt Aachen, Frau Krüger am Apparat, was kann ich für Sie tun?»

«Ja hallo, hier ist Rosie Fuchs. Wir hatten letzte Woche telefoniert. Und zwar hatte ich mich zu spät im Campus Office für die Klausur Elektromagnetische Felder, also ET3[11] eingetragen, da ich nicht wusste, dass man sich jetzt neben der Kursanmeldung separat zu den Klausuren anmelden muss.»

«Ach ja, ich erinnere mich. Ich hatte letzte Woche den Antrag gestellt, dass Sie sich nachträglich noch für die Klausur anmelden können.»

«Ja genau... Genau deswegen rufe ich an. Ist der Antrag schon durch? Ich hatte mir nämlich in der Zwischenzeit überlegt, diese Klausur doch nicht dieses Semester zu schreiben. Es wäre also nicht so schlimm, wenn der Antrag noch nicht durch ist. Ich würde den Prozess des Antrags in diesem Fall gerne abbrechen.»

«Huch, da muss ich mal schauen wie der Status ist.»

«Und was passiert, wenn er schon durch ist?»

«Dann müssten wir einen neuen Antrag stellen, um den ersten Antrag zu widerrufen. Hierfür bräuchten Sie aber einen gu-

11    Klausur ‹Elektrotechnik 3›

ten Grund.»

«O.K., und was ist, wenn ich im Campus Office die Klausur abgemeldet habe?»

«Haben Sie? Dann müssten wir schauen, ob der Antrag durch ist und wenn ja, ob dieser schon durch war, als Sie im Campus Office die Klausur abgemeldet haben.»

«Oh super, könnten Sie das für mich machen?»

«Und Sie sind sich diesmal ganz sicher, dass Sie die Klausur nicht schreiben wollen? Denn, wenn Sie sich danach umentscheiden, gibt es wirklich kein Zurück mehr.»

«Ja, wirklich sehr sicher.»

«Frau Fuchs, Sie sind wirklich eines der kompliziertesten administrativen Fälle in diesem Studiengang.»

«Ja, ich weiß, aber kommt nicht mehr vor. Könnten Sie mir Bescheid geben, sobald Sie mehr wissen?»

«Rufen Sie bitte morgen Nachmittag nochmal an. In der Zeit werde ich sehen, was ich tun kann.»

«Vielen, vielen Dank. Sie bereiten mir damit eine große Freude.»

«Und Sie bereiten mir große Kopfschmerzen, Frau Fuchs.»

# Batterie leer

Irgendwie ist bei mir die Luft raus. Die ersten beiden Semester waren wirklich nicht ohne. Ich fühle mich wie ein Hamster, der dauernd gegen die Wand läuft. Oder wie ein Stehaufmännchen, dass sich dauernd motivieren muss wieder aufzustehen. Wie sagt man so schön? Was einen nicht umbringt, macht einen nur stärker. Ich fühle mich momentan aber eher wie: Was einen nicht umbringt, macht einen nur depressiv. Dieses ganze Lernen und nicht wissen, ob man die Klausur schafft. Ich schleppe immer noch ET1[12] aus dem ersten Semester mit mir rum. Und jetzt habe ich es nicht mal geschafft ET3 aus diesem Semester abzuwählen. Ich weiß nicht, wie ich das alles schaffen soll. Ich brauche jetzt eine gute Freundin. Ich greife zum Telefon und rufe Ines, eine Schulfreundin, an.

«Hi Rosie! Schön, dass du anrufst! Wie geht es dir?» Wie gut es tut, Ines' Stimme zu hören.

«Hey Ines, ach, irgendwie nicht so gut. Mir wächst alles über den Kopf. Ich schaffe es nicht mehr.»

«Du meinst das Studium? Ach, Rosie. Das habe ich dir doch schon ganz am Anfang gesagt, dass das nichts für dich ist. Du

---

12  Klausur ‹Elektrotechnik 1›

bist eher kreativer Natur. Ich weiß eh nicht, wieso du das schon so lange machst. Das ist einfach eine Nummer zu groß für dich. Warum sollst du dich noch quälen? Willst du warten, bis sie dich rausschmeißen?»

«Also du glaubst echt, dass sie mich rausschmeißen könnten?», frage ich verunsichert.

«Ganz ehrlich: Ich denke schon. Die sind doch da knallhart», antwortet Ines.

«Oh man, vielleicht hast du recht.»

«Na klar habe ich recht. Wechsel doch einfach zu BWL. Du hattest doch schon mal die passenden Dokumente zum Wechseln ausgedruckt. Du musst sie nur noch unterschreiben. Und du würdest sogar ins dritte Semester der BWL eingestuft. Dann hättest du noch nicht mal Zeit verloren.»

«Ja, du hast recht. Ich danke dir.»

Ich lege auf und suche die Dokumente raus. Hach, da sind sie ja. Ines hat recht. Warum hinauszögern, bis die RWTH mich rausschmeißt? Ich kann einfach nicht mehr. Ich fülle die Dokumente aus und laufe direkt zur zentralen Studienberatung. Dort bin ich schon relativ bekannt.

«Hallo Frau Kirschner.»

«Hallo Frau Fuchs, was kann ich für Sie tun?»

«Ich habe mich jetzt entschlossen zu BWL zu wechseln. Meine Formulare sind auch schon ausgefüllt. Was muss ich jetzt tun?»

«Einen Moment, ich schaue mal nach. Können Sie mir eben Ihre Dokumente zeigen?»

Ich lege sie Frau Kirschner auf den Tisch.

«Super, alles vollständig. Ich schaue eben nach, was jetzt zu tun ist. Sie können sich ja direkt in ein höheres BWL-Semester einstufen lassen, wenn Sie wechseln.»

Ich bin erleichtert. Dieser Schritt fühlt sich richtig an. Nach dem ganzen Hin und Her weiß ich endlich, was richtig und was falsch ist.

«Oh, ich muss Sie leider enttäuschen.» Frau Kirschner legt ein besorgtes Gesicht an den Tag, während sie in den PC schaut.

«Was ist denn?» Panik steigt in mir auf.

«Sie sind leider einen Tag zu spät. Ich sehe gerade, dass die Frist zum Wechsel gestern abgelaufen ist. Sie müssen leider jetzt ein weiteres Semester warten.»

«Ernsthaft?» Ich kann es nicht glauben. Einen Tag? Einen verdammten Tag?

«Es tut mir leid. Ich kann leider nichts für Sie tun, Frau Fuchs.»

«Vielen Dank», antworte ich verzweifelt.

Ich verlasse das Gebäude. Auf der Straße angekommen, laufe ich ziellos durch die Gegend. Tränen strömen mir übers Gesicht. Mir ist egal wer mich so sieht. So was kann nur mir passieren. Einen Tag. Einen verdammten Tag. Ich will das nicht mehr. Dieser ganze Druck. Wenn ich daran denke: Es gibt sogar Studenten, die Tabletten schlucken, damit sie sich besser konzentrieren können beim Lernen. Mir wurden auch schon welche angeboten, aber Gott sei Dank war ich stark genug in dem Moment nein zu sagen. Es gibt keinen Grund sich seine Gesundheit aus welchem Grund auch immer kaputt zu machen. Mein Handy klingelt. Auch das noch. Ich hole mein Handy aus der Tasche. Es ist meine Mutter.

«Hi Mum.»

«Schatzi, ich musste gerade an dich denken. Ich bin hier im Supermarkt und da gibt es diesen Käse wieder im Regal, den du so magst. Da dachte ich mir, ich rufe mal an und frage, wie es meiner Kleinen geht. Immer noch im Lernstress?»

Ich versuche mich zusammenzureißen, aber ich schaffe es nicht und fange laut an zu weinen.

«Mami, ich wollte gerade zu BWL wechseln, aber ich bin einen Tag zu spät und jetzt weiß ich nicht was ich machen soll.»

«Ach Häschen. Sei nicht traurig. Du kannst nächstes Semester immer noch wechseln. Du stresst dich selbst viel zu sehr. Vielleicht schreibst du dieses Semester einfach ein paar weniger Klausuren. Niemand hat gesagt, dass du das alles sofort schaffen musst.»

«Ja, du hast ja recht, Mum. Irgendwie wollte ich das alles schaffen und zwar so schnell wie möglich.»

«In der Gelassenheit liegt die Kraft. Jetzt trink erst mal einen Tee und danach sieht die Welt schon ganz anders aus, mein Schatz. Wo bist du denn gerade?»

«Am Marktplatz. Ich laufe irgendwie ziellos durch die Gegend.»

«Dann setze dich erst mal auf eine Bank und entspanne dich.»

«Alles klar, Mum. Danke, ich habe dich lieb.»

«Ich dich auch, mein Mäuschen.»

Ich lege auf. Tief ein und ausatmen. Wieso denkt man immer, dass die Welt untergeht? Sie dreht sich weiter und die Menschen hier auf dem Marktplatz leben ihren Alltag weiter, als sei nichts geschehen. Ist es ja auch nicht. Das Beobachten der Leute auf dem Marktplatz hat etwas Beruhigendes und so beschließe ich, ein Weilchen auf dieser Bank zu verweilen.

«Rosie?»

Ich drehe mich um und sehe Fabian. Er setzt sich zu mir.

«Was machst du denn hier, Fabian? Als hätte Gott dich geschickt.»

«Wenn Gott deine Mum ist, dann ja. Sie hat mich soeben angerufen und sich Sorgen gemacht. Da bin ich gleich hergeeilt. Ich wohne ja auch nicht weit weg.»

Ich lege meinen Kopf an seine Schultern.

«Danke Fabian. Es tut gut jetzt nicht alleine zu sein.»

«Dafür sind Freunde doch da.»

«Ich bin nur so verzweifelt, weil Ines meinte, ich würde das Studium nicht schaffen.»

«Zum Himmel, wer ist diese Ines?», fragt Fabian erbost.

«Eine alte Schulfreundin.»

«Röschen. Kennst du denn nicht Aacheners Regeln 6 und 7?»

«Die da wären?»

«Regel 6: Hör nie auf an dich zu glauben. Regel 7: Wer nicht an dich glaubt, ist nicht dein Freund.»

«Vielleicht hast du recht.»

«Ich habe mal gelesen, dass die 10 Menschen, die dich umgeben, den größten Einfluss auf dich haben. Das bedeutet, dass diese 10 Menschen auch einen positiven Einfluss auf dich haben müssen. Und da brauchst du niemanden, der dir sagt, dass du etwas nicht kannst. Du kannst es! Die Frage ist eher, was dich glücklich macht.

«Danke, du bist lieb. Sag mal: Regel 1 und 2 kenne ich ja schon. Was ist mit Regel 4 und 5?»

«Regel 4: Wenn du ein Mann bist und zum Studieren nach Aachen gehst, importiere deine Freundin. Die Chance mit deiner Schulfreundin zusammenzubleiben ist größer als hier jemanden zu finden. Und Regel 5: Wenn du eine Frau bist und zum Studieren nach Aachen gehst, importiere deinen Freund. Die Chance mit deinem Schulfreund zusammenzubleiben ist größer als hier jemanden zu finden.»

# Nie wieder Lernprostitution

Ja, ich gebe es zu. Ich habe es getan. Ich bin wirklich nicht stolz auf mich. Ich tat es, weil ich keine andere Möglichkeit mehr sah. Aus Verzweiflung. Gestern griff ich zum Telefon und rief ihn an: Hans Peter. Da ich die einzige aus meinem Freundeskreis bin, die ET1 noch nicht bestanden hat, sah ich mich gezwungen ihn anzurufen, um nicht alleine zu lernen. Jetzt sitze ich hier, an einem Freitagabend, und schaue Hans zu, wie er das Lernskript ausmalt. Alles Wichtige markiert er rosa und alles Unwichtige gelb. Warum markiert er Unwichtiges? Ich fühle mich wie in einem schlechten Film.

«Hans, glaubst du nicht, dass es reicht alles Wichtige rosa zu markieren?», hake ich nach.

«Wenn ich alles andere gelb markiere, habe ich das Gefühl, das ganze Skript durchgearbeitet zu haben.»

«Ja, aber es ist nicht wirklich effektiv, oder?»

«Jeder lernt auf seine eigene Art. Zurück zur Aufgabe 3 der Klausur aus dem Jahre 2007. Sollen wir diese mal durchrechnen?»

«Meinetwegen.» Mein Handy klingelt. Hao. Er muss mich hier irgendwie rausholen.

«Hi Hao.»

«Hi Rosie, Fabian und ich haben eben eine Party gecrasht. Willst du nicht dazu stoßen?»

Ich schaue Hans an.

«Oh nein, der Arme. Ist er im Krankenhaus?», flunkere ich.

«Was? Wovon redest du?», entgegnet Hao verwirrt.

«Oh nein, so schlimm? In welchem Krankenhaus? Ich bin sofort bei dir!» Mit diesen Worten lege ich auf.

«Es tut mir wirklich leid, Hans, aber ich muss gehen.» Ohne Erklärung packe ich meinen Lernkram und verlasse Hans' Wohnung. Jetzt ab nach Hause und umziehen. Eine Party ist jetzt genau das Richtige. Ich muss mich nach den letzten Wochen wieder ein bisschen amüsieren, sonst zieht mich alles immer weiter runter.

*

«Super, dass du gekommen bist, Rosie.» Hao und Fabian begrüßen mich an der Tür.

«Falls jemand fragt: Wir sind die Nachbarn des Gastgebers und du bist eine Freundin von uns.»

«Alles klar, Jungs.» Das könnte spaßig werden.» Eins noch, und danach rede ich nicht mehr über die Uni: Könnt ihr mich bitte daran erinnern, dass ich nie wieder Lernprostitution betreibe? Ich glaube, ich werde ET1 dieses Jahr einfach schieben. Ich konzentriere mich auf die Klausuren aus diesem Semester und versuche, diese zu bestehen. Meine Strategie, einfach in jede Klausur zu gehen ist irgendwie in die Hose gegangen. Meine Eltern haben recht: Ich muss mich nicht so unter Druck setzen.»

«Du hast es kapiert. Prost! Und jetzt gehen wir auf die Tanz-fläche und haben ein bisschen Spaß.»

Zu meinem Erstaunen bin ich nicht das einzige Mädchen auf dieser Party.

«Hao, warum sind Mädchen auf dieser Party?», frage ich neugierig.

«Hehe, der Gastgeber scheint Mediziner zu sein. Deswegen sind die meisten auf der Party auch Medizinerinnen. Ist das nicht toll?»

«Ja, das ist klasse.» Fühlt sich ungewöhnlich an. Aber gut. Ich muss an Sabine denken. Es war witzig, als sie noch in unserem Freundeskreis war. Leider musste Hao im zweiten Semester mit ihr rumknutschen und wer weiß was noch so alles. Er hat der Armen das Herz gebrochen und jetzt macht sie einen großen Bogen um uns. Naja, mit den Jungs ist es auch super. Auch wenn mir die Mädelsabende schon etwas fehlen.

«Rosie, du hier?» Ich drehe mich um. Franz steht vor mir. Ich habe ihn seit dem ersten Semester nicht wieder gesehen. Genauer gesagt, als ich ihn im Starfish verloren habe noch ohne ihm meine Nummer zu geben.

«Hi Franz. Freut mich, dich zu sehen. Wie geht es dir?»

«Sehr gut, und dir? Wir haben uns ja gar nicht mehr gesehen an dem Abend im Starfish. Du bist mir leider verloren gegangen.»

Ich werde rot.» Ja, du hattest recht. Nachdem ich auf Toilette war, war es tatsächlich brechend voll in der Disko und ich konnte dich nicht finden.»

«Wirklich schade, ich habe den ganzen Abend nach dir Ausschau gehalten. Wow, das ist jetzt zwei Semester her. Wie ist es dir so ergangen in der ganzen Zeit?»

«Ach ja, so das Übliche. Partys, Lernstress und so weiter. Bei dir alles gut? Macht dir dein Studium nach wie vor Spaß?» Oh man, ich hätte mich wenigstens ein bisschen schminken und hübsch machen sollen. Seit diesem Semester lasse ich mich völlig gehen. Blöde Klausuren.

«Ja, es gefällt mir immer noch sehr gut», antwortet Franz.

Hm, ich muss mich trauen. Ich will nicht wieder zwei Semester warten müssen, bis ich ihn das nächste Mal wiedersehe. Warum bin ich nur so schüchtern, wenn mir wirklich jemand gefällt? Ich frage ihn jetzt einfach nach seiner Nummer, was soll's.

«Hallo, ihr zwei Süßen.» Eine Unbekannte stößt zu uns und gibt mir ihre Hand.

«Ich bin Nadine, Franz' Freundin. Freut mich.» Oh nein. Er hat eine Freundin? War ja klar, dass er nicht Single bleibt in den zwei Semestern, in denen wir uns nicht gesehen haben.

«Hi Nadine. Ich bin Rosie», versuche ich möglichst cool von mir zu geben. Ich ignoriere mein Stottern.

«Bist du eine Freundin von Franz?»

«Ähm, nicht direkt.» Was soll ich darauf antworten?

«Oh, das Lied ist super. Ich muss unbedingt tanzen. Man sieht sich.» Ich flüchte aus dieser unangenehmen Situation.

Fabian hatte Recht. Wenn man hier in Aachen seinen Freund nicht importiert, dann bleibt man allein. Das gilt für Mann genauso wie für Frau. Von wegen Frauen haben es hier leicht. Es gibt nur vergebene Kerle oder komische Typen. Dann doch lieber alleine bleiben. Nicht, dass ich auf der Suche sei, aber keine Ahnung. Das baut mich in diesem Semester jetzt auch nicht gerade auf. Meine lieben Frauen in Aachen: Rechnet hier nicht mit Liebe. Rechnet lieber mit Taschenrechnern. Die sind immer griffbereit und wenn sie kaputt gehen, holt man sich einfach einen neuen.

# Deine Angst ist dein einziger Feind

Aus Angst vor der ET3-Klausur habe ich einen Termin mit Professor Magnet gemacht. Nicht, um mit ihm über elektromagnetische Felder zu philosophieren. Sondern einfach, um zu wissen, wie ich mich am besten für die Klausur vorbereite. Diese Klausur soll mit der ET1-Klausur, die ich dieses Jahr geschoben habe, die schwierigste Klausur des Studiums sein. Ich bin etwas aufgeregt. Bis jetzt hatte ich noch nicht viel Kontakt mit den Professoren in Aachen. Man sieht sie in Vorlesungen, die Übungen werden jedoch von Doktoranden abgehalten, sodass mit den Professoren erst während der Bachelorarbeit ein richtiger Kontakt entsteht. Um den Prof zu treffen, muss man mithilfe der Sekretärin einen Termin vereinbaren. Diesen habe ich jedoch relativ schnell bekommen und so sitze ich hier im Institut vor der Tür des Professors und warte, bis er mich hereinruft. Die Tür geht auf. Herzklopfen.

«Hallo Frau Fuchs, treten Sie doch ein.»

«Hallo Professor Magnet. Danke schon mal für Ihre Zeit.»

«Sehr gerne. Möchten Sie ein Glas Wasser? Setzen Sie sich doch.»

«Ja, sehr gerne.» Mein Mund ist etwas trocken. Ich setze mich. Der Professor schenkt mir ein Glas Wasser ein. Sehr nett muss ich sagen, dieser Empfang.

«Wie kann ich Ihnen helfen?»

«Wissen Sie Herr Magnet. Ich wollte Sie fragen, wie ich mich am besten für die Klausur ET3 vorbereiten soll. In ET2 bin ich letztes Semester durchgekommen, aber auch nur ganz knapp, und ET1 habe ich leider immer noch vor mir, wissen Sie. Deshalb wollte ich Sie um Rat bitten, damit ET3 für mich erfolgreich wird. Ich habe jetzt alle Klausuren von ET3 aus den letzten Semestern durchgerechnet, das Skript komplett durchgelesen und alle Übungen besucht. Ich weiß nicht, was ich noch machen soll.»

«Ich weiß, was Sie machen sollen.» Professor Magnet lächelt.

«Wissen Sie echt?»

«Ja, weiß ich, Frau Fuchs.» Professor Magnet faltet seine Hände zusammen.

«Sie sollen gelassen sein.» Was? Mit so einer Antwort hatte ich jetzt nicht gerechnet.

«Wie meinen Sie das?»

«So, wie ich es sage. Ihre Angst ist Ihr einziger Feind. Sie brauchen keine Angst zu haben. Sie schaffen das.» Träume ich gerade? Hat der Prof mir soeben gesagt, dass ich es schaffe?

«Ich sehe, dass Sie sich richtig vorbereiten. Sie sind motiviert und fleißig. Mehr können Sie nicht tun. Sie müssen nur anfangen an sich selbst zu glauben. Ich sehe, das ist Ihre einzige Hürde.»

Wow. Mit so etwas hätte ich nicht gerechnet. Ich bleibe noch eine weitere halbe Stunde und unterhalte mich mit dem Prof über dieses und jenes. Er schlägt mir vor, mal über ein Auslandssemester nachzudenken. Das Studium solle nicht nur harte Arbeit sein. Später bleibe noch genug Zeit, um zu arbeiten. Die Regelstudienzeit sei auch überbewertet. Der Druck sei so schon hoch genug. Man solle nebenher nicht den Spaß am Studium verlieren. Nach diesem Gespräch verlasse ich vollen Mutes das Gesprächszimmer.

«Vielen Dank, Herr Magnet.» Ich reiche ihm die Hand.

«Kein Problem. Sie können jederzeit wieder einen Termin machen. Wir Professoren sind für unsere Studenten da, auch wenn diese manchmal nicht das Gefühl haben. Sie nutzen die Chance viel zu wenig, mal Termine mit dem Prof zu machen. Aber nutzen Sie es.»

«Vielen Dank, ich werde es beherzigen. Einen schönen Tag noch.»

Ich mache mich auf den Weg nach Hause. Dieses Gespräch war völlig unerwartet. Der Professor hat recht. Ich muss anfangen, an mich selbst zu glauben. Ich kann es schaffen! Und ich werde tatsächlich darüber nachdenken, ein Auslandssemester zu machen. So eine kleine Auszeit von Aachen tut mir bestimmt gut. Am besten fange ich langsam an das zu planen. Wenn ich es dieses Semester noch vorbereite, könnte ich im 5. Semester im Ausland sein. Ich glaube, ich habe soeben meine innere Rosie wiedergefunden.

# Gelassenheit muss man erst lernen

Das Leben ist wie eine Sinuskurve. Nach einem Tief kommt gewöhnlich auch wieder ein Hoch. Es ist nur eine Frage der Frequenz. Dieses Semester habe ich vor allem eins gelernt: Immer die Ruhe bewahren. Es muss nicht alles so laufen, wie man es sich vorstellt. Ich stehe mit Hao und Fabian am SuperC und bereite mich mit Ihnen geistig auf das kommende Ereignis vor.

«Bist du bereit, Rosie?», fragt Hao.

«Aber so was von.» Wir setzen alle drei unsere Sonnenbrillen auf. Nicht, weil die Sonne scheint, sondern, weil wir cool sind. Wir gehören jetzt alle zu den VIPs. Zu denen, die ET3 tatsächlich geschafft haben. Ich habe meine Angst überwunden und angefangen an mich zu glauben. Wenn ich mehr Zeit brauche ist es ebenso. Man darf sich nicht mit anderen vergleichen und muss seinen eigenen Weg gehen. Deshalb werde ich mein Studium auch nicht wechseln und das nächste Semester einfach entspannter angehen. Weniger Klausuren und weniger Druck. Ist das nicht wunderbar?

Ich nehme die Gläser, die Hao und ich mitgebracht haben und fülle diese mit Champagner. Jeder nimmt sich sein Glas.

«Liebe Männer, ich würde gerne eine Rede halten.» Ich lächele Fabian und Hao zu.

«Dies ist ein ganz besonderer Moment. Ich weiß, ich war dieses Semester etwas anstrengend. Mit anderen Worten: Ich war eine zerquetschte Kakerlake. Deshalb möchte ich mich bei euch bedanken, dass ihr für mich da ward. Ihr seid mir die Liebsten. Ihr habt mich gelehrt, auch in schlechten Phasen den Spaß nicht zu vergessen.»

Fabian wischt sich eine Träne aus den Augen.

«In Aachen hat man ein paar Tiefs. Und es werden bestimmt mehrere kommen. Deswegen, meine Freunde, müssen wir die Hochs auch ganz besonders feiern. So wie jetzt. Lasset uns an diesem Tag einmal zu den arroganten Studenten gehören, die die Klausuren bestehen und trotzdem zu den Einsichten gehen, um den Studenten, die durchgefallen sind, unnötig die Wartezeit zu verlängern. Nur um zu wissen, wie es sich anfühlt. Einmal und nie wieder. In diesem Sinne: Prösterchen ist besser als ins Klösterchen. Auf die Klausureinsicht, in die es nicht nötig wäre zu gehen!»

Die Jungs erheben, sichtlich gerührt, ihr Glas.

«Prost.»

«Prost.»

# 6. Semester

# Wer ist eigentlich Karl der Rote?

Bettina, Natascha und ich schlendern mit jeweils einem Eis in der Hand über den Aachener Marktplatz. Die Sonne lacht uns ins Gesicht. Das liebe ich an geraden Semesterzahlen: Dass sie immer im Sommer sind. Ich kann kaum glauben, dass dies schon unser sechstes Semester ist. Wo ist die Zeit geblieben? Müssen wir jetzt langsam erwachsen werden? Jedenfalls in einer Hinsicht bin ich erwachsener als früher: Beim Thema Gelassenheit. Jetzt kann ich mit einer gewissen Weisheit und einem gesunden Abstand auf die vergangenen Semester blicken und mir denken: Wozu eigentlich dieser ganze Stress? Es war eine tolle Idee einfach mal einen Gang abzuschalten, weniger Klausuren anzumelden und ein Erasmussemester zu machen. Die Regelstudienzeit wird völlig überbewertet. Das hat sogar der Prof gesagt. Wenn ich nur nicht mehr die ET1-Klausur aus dem ersten Semester vor mir herschieben würde... Daran will ich jetzt nicht denken. Hach, wie gut das letzte Semester tat. Da hat man direkt Lust noch ein Erasmussemester einzulegen.

«Gab es eigentlich auch heiße Spanier in Malaga?», will Natascha wissen.» Du geheimnisvolle Frau. Du hast uns noch gar nichts von den Männern erzählt.»

«Ach, die waren alle ganz heiß», sage ich mit einem verschmitzten Lächeln.

«Typisch Rosie. Ihr muss man wieder alles aus der Nase ziehen», kommentiert Bettina.» Kommt, lasst uns in den Katschhof gehen und uns mit dem Eis auf die Treppe am Rathaus setzen. Vielleicht kriegen wir dann mehr Stoff aus ihr rausgezogen.»

Wir biegen in den Katschhof ein und staunen nicht schlecht. Vor uns erblicken wir mehrere hundert kleine Karls in Rot. Diese sind über den gesamten Katschhof verteilt und schauen in alle Richtungen. Wenn man genauer hinsieht, bemerkt man auch ein paar goldene.

«Was ist denn hier los?», frage ich ohne eine Antwort zu erwarten.

«Sind die aus Plastik?», beantwortet Natascha meine Frage mit einer Gegenfrage.

«Es scheint sich um Kunststoff-Objekte zu handeln, die mit einem Vakuumverfahren hergestellt wurden. Seht ihr, sie haben gar keine Naht», erwidert Bettina.

«Wow, Bettina. Du klingst wie eine richtige Maschinenbauerin», necke ich sie.» Wisst ihr, was ich in einem solchen Fall immer mache, wenn ich mehr erfahren will? Ich google. Dafür haben wir doch unsere Smartphones.» Ich hole mein Handy aus der Tasche.» Volltreffer.»

«Lies mal vor. Lass uns an deiner wissenschaftlichen Recherche teilhaben.»

«Ha. Das ist ja interessant. Hier scheinen wohl tatsächlich 500 Karls platziert zu sein. Die Figuren wurden von einem Künstler namens Ottmar Hörl geschaffen. Passend zum Karlsjahr. Wow, und die roten Karls kosten jeweils 375 Euro. Das ist ja mehr als meine Monatsmiete.»

«Aber gar nicht schlecht die Idee. Das Museum wird mal zu uns gebracht», scherzt Natascha.» Also ich mag die kleinen

Karls. Sie erinnern uns daran, was für ein grandioser Visionär Karl der Große eigentlich war. Wusstet ihr, dass Karl ganz viele Kloster gegründet hat, damit die Leute an Bildung kommen? Ist das nicht genial? Der Kerl hatte was im Kopf.» Natascha schlürft das tropfende Eis von ihrer Waffel weg.

Ich höre halbherzig zu und lese den Artikel auf dem Smartphone weiter.» Ach, krasser Käse. Die scheinen alle schon verkauft zu sein. Sie werden wohl eine Zeit lang hier stehen und dann abgeräumt, um zu ihren Paten zu kommen, die kleinen Süßen.» Mein Handy vibriert. Ich habe eine SMS bekommen.

*15:22 Uhr – Absender Unbekannt: Hallo schöne Frau, ich sehe sehnsüchtig dem Tag entgegen, an dem ich mit dir ein Gleis Wein trinke und über das Leben philosophiere.*

«Leute, ich kriege schon wieder so komische Nachrichten von einem Unbekannten.» Von wem sind die nur?

«Ach, schon wieder dieser mysteriöse Verehrer? Wird mal wieder Zeit, dass du deine Handynummer wechselst», neckt Bettina mich.

Damit will sie mich ans vierte Semester erinnern, als ich verzweifelt auf der Suche nach weiblichen Freundinnen war und naiver Weise einen Aushang am Schwarzen Brett samt Handynummer gemacht habe.

«Ach nein, Bettina. So schlimm ist es nun auch wieder nicht. Kein Grund schon wieder die Nummer zu wechseln. Der wird schon irgendwann müde werden.» Wird er doch, oder? Mein Handy vibriert wieder.

*15:23 Uhr – Absender Unbekannt: Für dich würde ich sogar den Karl klauen.*

NACHTS IN AACHEN…

Es war eine etwas windige Nacht. Der Wind brachte nach einem heißen Sommertag etwas Frische in die Stadt.

Er war wie ein kleines Kind, das Unruhe brachte, nachdem es den ganzen Tag still sein musste. Ja, so ist das mit den Kindern, wenn man versucht sie zu zähmen.

Und so ist das mit dem Wind, der macht was er will. Und es ist nicht nur der Wind, der macht was er will. Vielmehr beflügelt er so manchen Bewohner Aachens zu verrückten Taten. Nicht, dass der Wind daran schuld sei. Aber an solchen Nächten wie diesen wird die Wildnis in einem geweckt und man fühlt sich unbesiegbar. Ja, sogar unbeobachtbar. Wenn nicht sogar unsichtbar.

In solchen Nächten passieren komische Dinge. Nicht komisch für alle, aber für manche. Je nachdem, wie es bei einem mit dem Humor bestellt ist. Und so passierten in dieser Nacht Dinge, die sonst nicht passierten. Einfach, weil es so war.

Nicht alles ergibt einen Sinn. Jedenfalls aus nicht mathematischer Perspektive betrachtet. Und selbst in der Mathematik gibt es Überraschungen. Denn 0 geteilt durch 0 kann auf einmal 2 ergeben. Ja, alles ist möglich, vor allem in Aachen…

# Wo ist eigentlich Karl der Rote?

*Aachen – 06. Mai – Kaiser Karl auf der Flucht (Die Aachener Bunte berichtet)*

*Noch gestern wurde Karl der Rote mit 499 seines gleichen am Katschhof gesichtet. Heute ist zwischen den 499 Karls jedoch ein leerer Platz, der auf den fehlenden Karl den Roten aufmerksam macht. Wo ist er hin? Zeugenberichten zufolge hat eine maskierte Gestalt ihn gegen Mitternacht gekidnappt. Dabei soll nicht ersichtlich gewesen sein, ob es sich bei besagtem Kidnapper um ein männliches oder weibliches Wesen handelte. Da die Mehrheit Aachens männlich ist, wird darauf geschlossen, dass besagter Kidnapper auch männlich ist. Schon allein, da Karl nicht gerade der Leichteste ist und von einer Frau schwer zu transportieren. Weitere Zeugenberichte ergeben, dass Karl sich nach kurzer Zeit aus den Fängen des Kidnappers befreien konnte. Aber wieso ist Karl nicht zurück an seinem Platz? Ist er eventuell geflüchtet? Hat Karl keine Lust mehr auf Aachen? Oder ist er einfach unglücklich verliebt?*

Hao nimmt mir die Zeitung aus der Hand. Wir sitzen mit Elena und Fabian im C-Café, um ein paar Cappuccinos zu genießen.

«Interessanter Artikel, den du da liest. Sie wissen also nicht, ob der Dieb männlich oder weiblich ist.» Hao vertieft sich weiter in die Lektüre des Artikels.

«Sag mal Hao?», frage ich ihn.

«Ja?» Er schaut kurz auf.

«Was hast du eigentlich gestern Nacht gegen 23 Uhr gemacht?»

«Nicht dein Ernst? Du glaubst, dass ich das war?» Hao lächelt, blickt jedoch gleichzeitig verunsichert zu Elena.

«Das habe ich nicht gesagt. Vielleicht will ich ja auch einfach nur von mir selbst ablenken», entgegne ich mysteriös.

«Nie im Leben! Eine Frau würde doch niemals den Karl tragen können.»

Das nicht. Dafür hat sie ihren Kopf, den sie einsetzen kann. Statt dies jedoch laut zu sagen, nicke ich einfach, lächele in mich hinein und nehme einen kräftigen Schluck meines Cappuccinos. Hach, ist der lecker. Wieso hat das C-Café nicht schon viel früher aufgemacht?

# Date mit einem Psychopathen

Dienstag. 22:10 Uhr. Rosies Bett.

Ich sitze gemütlich in meinem Bett und lese einen Thriller. Ich liebe Thriller. Die Arbeit der Polizisten hat viel mit denen von Ingenieuren gemeinsam: Die analytische Denkweise, um sich einen Tathergang zu erschließen. Die schnelle Auffassungsgabe aller Details. Auch der Details, die zunächst unwichtig erscheinen, aber am Ende eventuell die entscheidende Komponente zur Konstruktion des Gesamtbildes darstellen. Würde ich kein Ingenieurswesen studieren, dann würde ich wahrscheinlich Kriminalkommissar werden und mörderische Fälle lösen. Das Einzige, was dieser Job nicht mit Ingenieuren gemein hat, ist, dass man eine soziale Intelligenz benötigt, um die Befragten richtig einschätzen zu können. Mein Zimmerlicht flackert. Ein lautes Geräusch im Flur ertönt. Was war das? Ich stehe aus meinem Bett auf und öffne ganz langsam meine Zimmertür. Pure Dunkelheit im Flur.

«Was machst du da, Rosie?»

«Ahhhhhhh!», schrecke ich auf. Flo, mein Mitbewohner, guckt mich verwundert an.

«Alles klar bei dir?», fragt er amüsiert.

«Ja. Ich sollte vielleicht nicht mehr so spät Thriller lesen. Was machst du denn hier im Dunkeln?»

«Ich bin nur kurz auf Toilette gegangen, hatte aber keine Lust das Licht anzumachen. Ich gehe mal schlafen, gute Nacht. Ach, und falls du zwischendurch einen Serienkiller triffst, sag Bescheid. Dann rette ich dich.» Flo lacht und geht in sein Zimmer.

Sehr witzig. Naja, hoffen wir mal, dass ich seine Hilfe nicht brauche. Ich gehe zurück in mein Zimmer und lese mein Buch weiter. Ein paar Seiten schaden jetzt auch nicht mehr, bevor ich schlafen gehe. Plötzlich vibriert mein Handy. Ich hole es aus meiner Tasche.

*22:37 Uhr – Absender Unbekannt: Ich hatte doch gesagt, dass ich für dich sogar den Karl klaue.*

Wer ist das? Und warum wird er nicht müde mir zu schreiben? So langsam werde ich ja doch neugierig. Vor allem, wenn Karl in die Geschichte involviert ist.

*22:38 Uhr – Ich: Wer bist du und was willst du?*

*22:38 Uhr Absender Unbekannt: Ich bin dein heimlicher Verehrer und würde dich gerne zu einem romantischen Date entführen. Ich erwarte dich morgen gegen 19 Uhr am Café Hangeweiher.*

\*

Mittwoch. 19:10 Uhr. Vor dem Hangeweiher Café.

Ich habe lange überlegt, ob ich mich tatsächlich zu dem Treffen hinbegeben soll. Mein erster Gedanke, als ich die SMS las, war, dass es sich um einen Serienkiller handeln könne. Ich fühle mich wie das Opfer in einem Thriller, in dem man als Leser genau weiß, dass das Opfer sich in eine gefährliche Situation begibt. Aber so ist das im Buch und eben auch in der Realität: Letztendlich siegt die Neugierde des Opfers über die Vernunft. So ganz dumm wie die Opfer in den Thrillern bin ich jedoch nicht: Ich habe gewisse Vorkehrungen getroffen, man weiß ja nie. Dies war schon allein deswegen nötig, da sich das Hangeweiher Café in einem Park befindet. Im Kaiser-Friedrich-Park, indem ein See ist. Man weiß ja, wo die Leichen hinterher landen... Der Plan ist es nun, alle 100 Meter meine Position an Natascha und Bettina zu schicken, damit diese mich jederzeit orten können. Ich schaue auf die Uhr. 19:15 Uhr. Wenn der Täter mich schon kidnappen will, sollte er wenigstens pünktlich dabei sein. Ich tippe genervt eine SMS.

*19:15 Uhr – Ich: Bin da. Kann dich nicht sehen. Werde jetzt gehen.*

Keine drei Sekunden später erhalte ich eine Antwort.

*19:15 Uhr – Absender Unbekannt: Folge den Pfeilen.*

Ich gucke auf den Boden. Tatsächlich, dort sind mit Kreide Pfeile angezeichnet, die mir den Weg weisen. Neugierig folge ich ihnen. So eine Schnitzeljagd ist schon irgendwie lustig. Trotzdem darf ich mich nicht zu sehr auf dieses Spiel einlassen und so sende ich nach ein paar Metern meine aktuelle Position an Natascha und Bettina. An einer Weggabelung angekommen hören die Pfeile plötzlich auf. Wo soll ich jetzt langlaufen? Links oder rechts? Ich spüre einen Finger an meiner rechten Schulter und zucke zusammen. Ein kleiner Junge tippt mich an und schaut mich kurz an, bevor er sagt:

«Süden.»

Daraufhin läuft er davon und lässt mich alleine stehen. Süden? Woher soll ich wissen, wo Süden ist? Nach ein wenig Nachdenken erschließe ich mir jedoch, dass ich den rechten Weg gehen muss. Womit ich mich gleichzeitig dem See des Parks nähere... Zur Sicherheit schicke ich noch einmal meine Position an die Mädels. Sicher ist sicher. Am Ende des Weges ist wieder eine Gabelung. Da ich jedoch keine weiteren Zeichen sehe, geschweige denn keinem weiteren Jungen begegne, der vorgeschickt wurde, nehme ich einfach den linken Weg weiter in Richtung Süden. Der See befindet sich nun sichtbar zu meiner Rechten. Schwäne und Enten schwimmen friedlich nebeneinander her. Enten erinnern mich jedes Mal an uns Wirtschaftsingenieure: Sie können weder richtig schwimmen noch richtig fliegen. Aber irgendwie doch beides. Ich schaue wieder auf den Weg und plötzlich sehe ich ihn: Karl, den Roten! Ha! So schließt sich der Stromkreis wieder. Wie er da so mitten auf dem Weg steht und vor sich hinlächelt... Jetzt fängt mir das Spiel doch an zu gefallen. Ich trete näher an Karl und sehe, dass an seinem Schwert mit einer Schnur ein Zettel befestigt ist. Ich entnehme ihm den Zettel und lese die Nachricht, die darauf geschrieben steht:

Hat mein heimlicher Verehrer etwa ein Boot für uns gemietet? Das ist ja schon irgendwie süß. Da bin ich mal gespannt. So was ist mir in Aachen noch nie passiert. Langsam begebe ich mich Richtung Bootssteg und staune nicht schlecht, als ich dort ein Boot sehe, in dem anscheinend ein Picknickkorb für ein Candle-Light-Dinner vorbereitet wurde. Als ich sehe, wer neben dem Boot steht, staune ich nicht schlecht.

«Franz?» Er lächelt mich an.

«Ich dachte so eine Bootstour könnte dir gefallen», grinst er mich an.

Wo er recht hat, hat er recht. Ich lächele ihn an und steige mit Franz' Hilfe aufs Boot. Bevor es losgeht, schreibe ich noch die letzte Nachricht an meine Mädels, bei der ich weiß, dass sie mich dafür hassen werden:

*19:40 Uhr – Ich: Bei besagtem Psychopathen handelt es sich um einen heißen Kerl. Ortung beendet.*

# Die Prüfung

Soll es das jetzt etwa gewesen sein? In ein paar Minuten erfahre ich, ob ich die mündliche Prüfung in ET1 bestanden habe oder nicht. Das Warten macht mich wahnsinnig. All die Jahre in Aachen. Jetzt fühle ich mich irgendwie allein. Ich habe meinen Freunden gesagt, sie sollten nicht kommen, weil mich das nervös machte. Jetzt bereue ich es jedoch ganz allein zu sein. Naja, da muss ich jetzt durch… Wenn ich durch diese Tür rein und wieder raus gehe, wird nichts mehr so sein wie vorher. Entweder ich habe es geschafft, oder halt nicht. Ich hatte immer Angst vor diesem Moment. Angst davor, zu versagen. Aber bin ich wirklich eine Versagerin, wenn ich es nicht geschafft habe? Ich denke nicht. Natürlich werde ich mich erst mal in mein Zimmer einsperren und ein paar Tage lang weinen. Aber dann werde ich feststellen, dass die Welt sich weiter dreht und jeder seinen Alltag weiter fortführt. Die Tür geht auf.

«Frau Fuchs?», reißt Professor Volt mich aus meinen Gedanken.» Kommen Sie doch bitte rein.»

Ich trete ein und setze mich.

«Frau Fuchs. Frau Pirschnik und ich haben uns soeben zu ihrer Prüfung beraten. Sie mussten etwas länger draußen warten, da uns die Entscheidung wirklich nicht leicht gefallen ist.»

Oh nein, das Ende naht. Mein Herz schlägt ganze 150-mal pro Minute. Ich weiß nicht, ob ich das überlebe.

«Ich möchte Sie nicht lange auf die Folter spannen. Deswegen kommen wir direkt zum Prüfungsergebnis. Sollten Sie im Nachgang alle Ergebnisse detailliert durchgehen wollen, können wir dies natürlich tun.»

Mimimimimimimimimimi.

«Frau Fuchs, Sie haben die Prüfung ganz knapp mit einer 4.0 bestanden. Uns ist jedoch aufgefallen, dass Sie ein geringes logisches Verständnis haben. Sie sollten in Ruhe darüber nachdenken, ob das Studium wirklich das Richtige für Sie ist. Da Sie aber schon im 7. Semester sind, macht ein Wechsel womöglich nicht mehr viel Sinn. Ich biete Ihnen auch gern einen Beratungstermin an.»

Hat er 4.0 gesagt? Ich glaube es nicht! Ich habe bestanden! Ich habe wirklich bestanden!!! All die Jahre, die ich mich mit dieser Klausur geplagt habe! All die Motivationszettel, die ich mir selbst geschrieben habe, um sie nachts aus der Zieh-mich-Box zu fischen, wenn ich mal wieder nicht an mich glaubte! Wie in Trance stehe ich auf und verabschiede mich vom Professor und seiner Assistentin. Es fühlt sich an wie eine Nah-Exmatrikulations-Erfahrung. Ich war der Exmatrikulation so nahe. Jetzt kann mich keiner besiegen[13]. Tränen der Erleichterung steigen in mir hoch. Rosie, die Elektroingenieurin. Wie habe ich das bloß geschafft? Der Rest des Studiums ist jetzt nur noch ein Klacks...

«Julia?», ich bleibe im Flur stehen.

«Rosie? Was machst du denn hier?», fragt Julia mit verängstigter Stimme.

---

13 Höchstens vielleicht der Trainer vom Kontakthüpfen, aber das ist eine andere Geschichte.

Seit ich im zweiten Semester aus der Verbindung ausgezogen bin[14], habe ich Julia nur noch ein einziges Mal zufällig auf einer Party getroffen.

«Das Gleiche wollte ich dich soeben fragen. Bist du auch wegen ET1 hier?»

Julia schaut mich traurig an. Die Arme. Sie muss sich genauso fühlen, wie ich selbst noch vor einer halben Stunde.

«Du schaffst das, Julia. Glaub mir», versuche ich sie zu ermutigen. Sie scheint nicht sehr überzeugt von meinen Worten.

«Ich weiß es nicht, Rosie. Ich weiß es wirklich nicht. Jetzt studiere ich schon so lange, und dann schlage ich mich noch mit ET1 rum. Ich habe noch vor dir angefangen zu studieren und guck mal wo ich jetzt bin.»

«So darfst du nicht denken, Julia. Manche studieren eben etwas länger, als andere. Man darf sich nicht zu sehr mit anderen vergleichen. Und soll ich dir was sagen?» Ich versuche meine Gedanken in Worte zu fassen.» Ich weiß nicht wieso, aber immer, wenn ich an einem Punkt in meinem Studium war, an dem ich dachte, ich kann nicht mehr, habe ich an dich gedacht. Du hast mir irgendwie Mut gegeben, dass ich es auch schaffen kann, auch wenn es eben nicht immer alles glatt läuft. Dann studiert man mal eben ein paar Semester länger. Na und?! Wer hat gesagt, dass wir alle wie die super Streber sein müssen? Das sehe ich gar nicht ein. Also Kopf hoch! Wenn ich diese Prüfung jetzt geschafft habe, dann du erst recht!»

Julia lächelt mich an. Der Professor öffnet die Tür und ruft Julia herein in den Prüfungsraum. Ich drücke ihre Hand leicht.» Du schaffst das. Und nicht vergessen für den absoluten Notfall: $U=R*I$«Der Witz musste noch sein. Die Gleichung hat mich schon durch so einige Klausuren in Aachen gebracht.

---

14   Beziehungsweise rausgeflogen :P

«Ich warte draußen auf dich und drücke dir solange die Daumen», zwinkere ich ihr zu. Julia verschwindet hinter der Prüfungstür. Jetzt erst mal raus aus diesem bedrückenden Gebäude und ein bisschen Luft schnappen. Beziehungsweise in die Luft springen. Ich gehe durch die Ausgangstür, schließe die Augen und sauge frischen Wind durch meine Nase.

«Ich habe es geschafft! Ich bin Super-Rosie!» schreie ich aus vollem Halse.

«Überraschung!», ertönt es plötzlich vor mir. Ich öffne die Augen und sehe, dass ich nicht allein bin: Hao, Fabian, Franz, Natascha, Bettina, Elena und meine Eltern stehen vor mir. Sogar Florian und Thomas, meine Mitbewohner. Alle sind sie gekommen, um in diesem Moment bei mir zu sein. Sie kommen auf mich zu, um mich zu umarmen.

«Wir sind so stolz auf dich, Mäuschen», sagen meine Eltern. Ich werde leicht rosa. So werde ich in der Öffentlichkeit normalerweise nicht von ihnen angesprochen. Hao, Fabian und Franz grinsen mich an.

«Ich kann nicht glauben, dass ihr alle hier seid», entgegne ich überglücklich.

«Natürlich sind wir hier», entgegnet Natascha.» Denkst du, wir verpassen den Moment, an dem du endlich aufhören wirst, von dieser Klausur zu reden? Dieser Moment geht in die Geschichte ein.» Wir müssen alle herzhaft lachen. Das stimmt, dass ich die letzten Semester von fast nichts anderem mehr geredet habe.

«Und? Wie war jetzt deine Nah-Exmatrikulations-Erfahrung? Erzähl uns alles im Detail», witzelt Fabian.

Ich erzähle ihnen von den Spulen, von den Widerständen, dem Haargewülst, welches ich nicht identifizieren konnte, meinem Glück, knapp bestanden zu haben, und dem jetzigen Gefühl, alle umhauen zu können.

«Huch, da sollte man wohl lieber in Deckung gehen», neckt mich Bettina.

Hao räuspert sich, um unsere volle Aufmerksamkeit zu bekommen.

«Meine lieben Freunde, an diesem ganz besonderen Tag soll man auch ganz besonders behandelt werden.» Wir schauen uns neugierig in der Runde an.» Deswegen soll heute der Tag sein, an dem wir alle ins Restaurant meines Onkels essen gehen.» Wir applaudieren.

Fabian klopft Hao auf die Schulter.» All die Jahre haben wir auf diesen Moment gewartet, Hao. Ich kann nicht glauben, dass du uns das Restaurant deines Onkels so lange vorenthalten hast.»

«Sagen wir, ich habe auf den richtigen Moment gewartet.»

«Beziehungsweise du wolltest dich dem Klischee eines Chinesen entziehen», necke ich ihn.

«Habt ihr im Restaurant vielleicht noch einen zusätzlichen Platz am Tisch frei?»

Wir drehen uns zur Ausgangstür und sehen dort Julia, die uns anstrahlt.

«Julia, du hast es geschafft!» Ich laufe zu ihr und umarme sie.

«Natürlich ist noch ein Platz frei», entgegnet Hao.» Für alle angehenden Ingenieure doch immer.»

Ich schaue in die Runde und blicke in all die Gesichter, die mir lieb sind. Was würde ich nur ohne sie machen?

«Und nicht nur für angehende Ingenieure», entgegnet Fabian.» Auch für all diejenigen, die uns über die Geschichte der Swimmingpool-Rosie erzählen können.»

Julia grinst. Irgendwas sagt mir, dass das noch ein ganz interessanter Tag werden würde.

«Sag mal Hao?», frage ich.

«Ja?»

«Gibt es in dem Restaurant eigentlich auch Glückskekse?»

*Die Sache, die Frauen noch lernen müssen:*
*Niemand gibt dir Erfolg und Macht. Du musst*
*sie dir nehmen.*

*Roseanne Barr*

# Dank

Danke an meine Eltern. Egal, ob es darum ging, mich während des Studiums oder während des Schreibens meines Buches zu motivieren: Ihr wart immer für mich da und habt an mich geglaubt.

Danke an meine Mitbewohnerin und Muse Eléonore Rambaud. Ohne dich hätten mir in so manchen Momenten die entscheidenden Ideen und die Inspiration um weiterzuschreiben gefehlt.

Danke an meine Schwester. Dafür, dass du mich bei diesem Projekt von Anfang an unterstützt hast und dich nie beschwerst, wenn ich von nichts anderem mehr rede. :P

Danke an meine Freunde, die mich beraten, begleitet und unterstützt haben. Ihr seid klasse!

Danke an alle, die bei der Fertigstellung des Buches mitgewirkt haben (Lektorin, Layouter, Cover-Gestalter etc.). Ohne euch wäre dieses Buch nur eine einfache Geschichte in einem Word-Dokument (inklusive Rechtschreibfehler).

Danke an meinen Kollegen Olivier für die tollen Zeichnungen. Sie sind wie die Kirsche auf der Sahnetorte.

Danke an meine Professoren in Aachen, von denen ich so viel lernen konnte.

Danke Aachen für die einzigartige Zeit, die ich dort hatte.

Und zu guter Letzt möchte ich Euch Lesern danken für die Zeit, die Ihr diesem Buch gewidmet habt.